BIBLIOTHÈQUE DES CURIEUX

LE VOLUME : 2 FRANCS

ANECDOTES

DE LA

VIE LITTÉRAIRE

RECUEILLIES

PAR

LOUIS LOIRE

PRÉFACE

D'ÉMILE DE LA BÉDOLLIÈRE

> Une lecture amusante est aussi utile à
> la santé que l'exercice du corps.
>
> ALPH. KARR.

PARIS

E. DENTU, LIBRAIRE-ÉDITEUR

Palais-Royal, galerie d'Orléans, 17-19

1876

—

Tous droits réservés.

A Monsieur Edmond Stoullig,
témoignage de reconnaissance de l'auteur,
Louis Loire

BIBLIOTHÈQUE DES CURIEUX

ANECDOTES

DE LA

VIE LITTÉRAIRE

En vente à la LIBRAIRIE DENTU
BIBLIOTHÈQUE DES CURIEUX

ONT PARU A LA MÊME LIBRAIRIE

ANECDOTES, BONS MOTS
FACÉTIES, CONTES, ÉPIGRAMMES

1 fort joli volume, 2 fr.; *franco*, 2 fr. 25

ANECDOTES
DE THÉATRE
COMÉDIENS, COMÉDIENNES
BONS MOTS DES COULISSES ET DU PARTERRE

1 fort joli volume, 2 fr.; *franco*, 2 fr. 25.

LES MŒURS D'AUJOURD'HUI
Par LOUDOLPHE DE VIRMOND

1 vol. gr. in-18-jésus. — Prix : 3 fr.; *franco*, 3 fr. 25.

Les Gens qui épousent. — Les Gens qui n'épousent pas. — Les Dames de la petite vertu. — La Vie galante. — Les Intrigues galantes et les Affaires. — Ce que c'est qu'une bonne fortune. — De l'amour à Paris. — Les Mœurs du prochain. — Commérages dans l'atelier d'un artiste. — Le Chapitre des Séducteurs, etc., etc.

LES CENT MANIÈRES D'AIMER
Par LOUDOLPHE DE VIRMOND

3e édition

In-32 jésus. — Prix : 50 c.; *franco*, 60 c.

Paris. — Typographie MOTTEROZ, 31, rue du Dragon

BIBLIOTHÈQUE DES CURIEUX

ANECDOTES

DE LA

VIE LITTÉRAIRE

RECUEILLIES

PAR

LOUIS LOIRE

PRÉFACE

D'ÉMILE DE LA BÉDOLLIÈRE

> Une lecture amusante est aussi utile à
> la santé que l'exercice du corps.
> ALPH. KARR.

PARIS

E. DENTU, LIBRAIRE-ÉDITEUR

Palais-Royal, galerie d'Orléans, 17-19

1876

Tous droits réservés.

A Louis Loire

Loire, de mon cerveau dont la vigueur s'efface,
Vous voulez que pour vous je tire une préface,
      Je le fais volontiers.
Pour vous ma sympathie est toujours empressée,
Car nous sommes tous deux logés par la pensée
      Dans les mêmes quartiers :

Ce sont ceux du Progrès où les lois surannées,
Les institutions que le temps a fanées
      Sont mises au rebut.
Comme au sein des palais, dans la moindre chaumière,
Propager les rayons d'une vive lumière,
      Voilà quel est le but !

Certes vous l'atteignez, puisque vos Anecdotes
Charment les moins lettrés autant que les plus doctes ;
      Leur cadre est bien tracé ;
Et sous les souvenirs que vos écrits exhument,
Afin d'instruire et plaire, en quelques mots résument
      L'Histoire du Passé.

En eux sont réunis le Sévère et le Drôle :
« Molière avec Tartuffe y doit jouer son rôle ; »
      Timbrés de leurs cachets,
Tous les auteurs connus paraissent dans vos pages ;
L'on y voit, escorté du plus galant des pages,
      Caron de Beaumarchais.

Voltaire, le lutteur à la plume acérée,
Refoule des cagots la troupe conjurée,
    Et leur dit : Halte-là !
Sous l'aiguillon perçant de ses traits sarcastiques,
Il fait exécuter des bonds épileptiques
    Aux fils de Loyola.

Puis voici Diderot, nôtre maître en critique,
Rivarol le railleur, et Chamfort le caustique,
    Son digne alter ego ;
Et l'abbé de Saint-Pierre, ami de la concorde,
Qui, pour prêcher la paix, avait tenu la corde
    Avant Victor Hugo.

Dans vos mémoranda vous rappelez, ô Loire,
De nos contemporains les succès et la gloire ;
    Mais trop tôt vient l'oubli !
Il est plus d'un rameur dont la barque chavire ;
Hugo reste debout ; mais du chantre d'Elvire
    Combien l'astre a pâli !

Mais qu'importe ? Veillant parfois jusqu'à l'aurore,
Célébrer les grands noms dont la France s'honore,
    Tel est votre souci ;
Plein des traditions de la Littérature,
Vous les communiquez à la race future,
    Et je vous dis : Merci !

                  ÉMILE DE LA BÉDOLLIÈRE.

30 Avril 1876.

ANECDOTES

DE LA

VIE LITTÉRAIRE

AMYOT

Amyot demandait un jour à Charles IX un « bénéfice » considérable; ce prince lui répondit :

— Eh ! quoi, mon maître, vous disiez jadi que si vous aviez mille écus de rente vous seriez content ; je crois que vous les avez, et au delà.

— Sire, répondit Amyot, l'appétit vient en mangeant.

Ce mot est devenu un proverbe.

—

Amyot légua douze cents écus à l'hôpital d'Orléans, où il avait reçu l'hospitalité dans son enfance. Ce trait prouve que, s'il était avide, la mémoire du cœur ne lui manquait pas.

MALHERBE

Malherbe dînait un jour chez l'archevêque de Rouen ; sur la fin du dîner, il s'endormit. Le prélat, qui devait prêcher, l'éveille et l'invite au sermon :

— Dispensez-m'en, je vous en prie, monseigneur, dit Malherbe ; je dormirai bien sans cela.

On lui reprochait d'entretenir sans cesse, en véritable Normand, des procès surtout avec des membres de sa famille :

— Eh bien ! s'écria le poëte d'un ton aigre, avec qui voulez-vous que j'en aie ? Ce n'est pas avec les Turcs et les Tartares, qui ne me connaissent point.

Une princesse de Condé étant accouchée de deux enfants morts dans la prison où était enfermé son mari, un conseiller du parlement de Provence regrettait beaucoup la perte que l'État faisait de deux princes du sang.

— Eh ! monsieur, lui dit Malherbe, — un

gentilhomme, s'il vous plait, — consolez-vous, vous ne manquerez jamais de maître.

—

Voici comment Racan raconte les derniers moments de ce poëte :

« Avant de mourir, il s'éveilla en sursaut pour reprendre son hôtesse — qui lui servait de garde — d'un mot qui, à son gré, n'était pas bien français ; et comme son confesseur lui en fit la réprimande, il déclara qu'il voulait défendre jusqu'au dernier soupir la pureté de la langue française. »

—

Beaucoup de vers de Malherbe sont passés en axiomes ; nos lecteurs nous sauront gré de leur en rappeler quelques-uns :

Tout le plaisir des jours est dans leur matinée.

—

La nuit est déjà proche à qui passe midi.

—

Un homme dans la tombe est un navire au port.

—

Il faut ou vous aimer, ou ne point vous connaître.

—

Mars est comme l'Amour : ses travaux et ses peines
    Veulent des jeunes gens.

—

Mais elle était du monde où les plus belles choses
    Ont le pire destin ;

Et rose, elle vécut ce que vivent les roses :
L'espace d'un matin.

Le pauvre en sa cabane, où le chaume le couvre,
Est sujet à ses lois ;
Et la garde qui veille aux barrières du Louvre
N'en défend pas les rois.

Sa prose n'était pas moins nourrie en ingénieuses pensées :

« La vie est un jeu où, jusqu'à ce que vous ayez tout perdu, vous perdez tous les jours quelque chose. »

« J'ai été longtemps à vous retenir, madame ; mais quand on est couché sur les fleurs, on a peine à se lever. »

RACAN

La comédie des *Trois Orontes*, de Boisrobert, fut inspirée à cet auteur par une mystification de deux amis de Racan.

Ces messieurs savaient que Mlle de Gournay avait le plus grand désir de voir Racan. L'un d'eux se fait annoncer à cette demoiselle sous le nom de cet auteur un jour qu'il savait que Racan devait rendre visite à la vieille érudite ; il loue ses ouvrages et reçoit en échange force compliments.

Survient le second qui se présente sous le même

nom de Racan et entre dans une grande colère quand il apprend qu'un intrus vient d'usurper son nom.

Enfin, après son départ, le véritable Racan se présente. La demoiselle se fâche, elle se précipite sur lui ; celui-ci se sauve, et Mlle de Gournay, ne pouvant l'atteindre, lui jette sa pantoufle à la tête.

BAUTRU

Ce gentilhomme, qui fut de l'Académie, quoiqu'il n'ait écrit qu'un opuscule de sept pages, l'*Onosandre*, remplissait le rôle de bouffon auprès du cardinal de Richelieu ; voici quelques traits que nous intitulerons :

LES BOUTADES DE BAUTRU

Il disait un jour, en regardant les statues de la Justice et de la Paix qui s'embrassaient :

— Voyez-vous, elles s'embrassent, et se disent adieu pour ne se revoir jamais.

Un poëte avait soumis un de ses ouvrages à Bautru, avant de le faire imprimer.

L'auteur lui demandant son sentiment peu de temps après, Bautru lui dit que l'ouvrage était long.

— Que faut-il faire ? dit le poëte.

— En retrancher la moitié et supprimer l'autre, dit Bautru.

———

Bautru venait de visiter la bibliothèque de l'Escurial, une des plus riches de l'Espagne ; cette bibliothèque était administrée par des moines d'une extrême ignorance, ce que Bautru avait remarqué.

Le soir même, il fut présenté au roi Philippe IV.

— Sire, dit Bautru au roi, si j'étais roi d'Espagne, je confierais l'administration de mes finances à un des moines de l'Escurial.

— Et pourquoi, monsieur Bautru, feriez-vous cela ?

— Sire, parce qu'ils sont les plus honnêtes gens du monde : ils ne touchent jamais au dépôt qui leur est confié.

———

Comme il avait raillé le duc d'Epernon sur sa fuite de Metz, le duc lui fit administrer une tripotée de coups de bâton. A quelques jours de là, un des laquais qui l'avaient houspillé, passant près de lui, se mit à contrefaire les cris que le pauvre Bautru poussait pendant l'exécution. Mais celui-ci, sans se fâcher, se contenta de dire :

— Vraiment, voilà un bon écho : il répète longtemps après.

La reine Anne d'Autriche le voyant avec un bâton à la main, lui demanda s'il avait la goutte.

Le prince de Guéménée, qui se trouvait là, s'empressa de dire :

— Non, madame ; il porte un bâton comme saint Laurent porte son gril : c'est la marque de son martyre.

—

Bautru, voulant se venger de ce brutal duc, publia un livre avec ce titre : *les Hauts Faits du duc d'Epernon*.

On l'ouvrit, il n'y avait que des pages blanches.

Comme malice, c'est drôle ; comme vengeance, ce n'est pas cruel.

—

Le cardinal de Richelieu demandait un jour à Guez de Balzac, qui venait d'être très-malade, si sa santé était tout à fait rétablie.

Bautru, qui était présent, sans donner à Balzac le temps de répondre, dit au ministre :

— Comment pourrait-il se bien porter ? Il ne parle que de lui-même, et chaque fois qu'il prononce son nom il met le chapeau à la main ; cela l'enrhume.

—

On raconte que la femme de Bautru ne voulut plus se présenter devant Mazarin, parce que, à sa première réception, ce ministre, prononçant son nom à l'italienne, l'avait nommée Mme Bautrou.

BOISROBERT

Ce familier de Richelieu contribua puissamment à la fondation de l'Académie française, dont il fut membre ; ce qui ne l'empêcha pas de décocher cette épigramme à la docte institution, dans son *Épître à Balzac :*

> ... Tous ensemble ils ne font rien qui vaille :
> Depuis six mois dessus l'F on travaille,
> Et le Destin m'aurait fort obligé
> S'il m'avait dit : Tu vivras jusqu'au G.

Il aimait à rendre service, surtout aux gens de lettres ; Richelieu l'appelait « l'ardent solliciteur des Muses incommodées ».

Il avait beaucoup de goût pour le beau sexe ; Mme Cornuel disait de lui :

— Sa chasuble est faite d'une jupe de Ninon.

Il passait un jour dans une rue ; on l'appela pour confesser un pauvre diable prêt à mourir. Boisrobert s'approcha, et pour toute exhortation lui dit :

— Mon ami, pensez à Dieu et dites votre *Bénédicité*.

—

Une de ses disgrâces auprès de Richelieu fut due à une aventure quelque peu scandaleuse qui était parvenue aux oreilles du cardinal. Comme il cherchait à se disculper auprès de Bautru en affirmant que la personne au sujet de laquelle on l'accusait était affreuse, celui-ci lui répondit :

— Si elle est laide, vous n'êtes que plus coupable.

—

Le jour de la première représentation des *Apparences trompeuses*, l'auteur, qui n'était autre que l'abbé de Boisrobert, entendait la messe aux *Minimes* de la place Royale, à genoux sur un prie-Dieu magnifique, se faisant remarquer autant par sa bonne mine que par un bréviaire de grand format qui était ouvert devant lui.

Quelqu'un demanda à M. de Coupeauville quel était cet abbé :

— C'est l'abbé Mondory, qui doit prêcher cette après-midi à l'hôtel de Bourgogne.

Mondory était un acteur de la Comédie-Française.

—

Ce même M. de Coupeauville rencontrant un jour Boisrobert, qui revenait à pied de la Comédie, lui demanda où était son carrosse.

— On me l'a saisi et enlevé, dit Boisrobert, pendant que j'étais à la Comédie.

— Quoi! répliqua M. de Coupeauville, à la porte de votre cathédrale ? L'affront n'est pas supportable.

On demandait un jour à Conrart s'il croyait l'abbé de Boisrobert bien dévot.

— Je le crois, répondit Conrart, de l'humeur de ce bon prélat dont parle Tassoni, qui, au lieu de dire son bréviaire, jouait des bénéfices au trictrac.

LA SERRE

Ce grand maître des mauvais écrivains en prose et en vers se rendait justice. Ayant assisté à l'audition d'un fort mauvais sermon, il alla, comme dans une espèce de transport, embrasser l'orateur en s'écriant :

— Ah! monsieur, depuis vingt ans j'ai bien débité du galimatias ; mais vous venez d'en dire en une heure plus que je n'en ai écrit en toute ma vie.

La Serre se vantait d'un bonheur que bien peu d'auteurs possèdent.

— J'ai su, disait-il, tirer pas mal d'argent de mes ouvrages, tout mauvais qu'ils sont ; tandis que mes confrères meurent de faim avec de bonnes productions.

Lorsqu'on lui reprochait la promptitude de son travail, il répondait qu'il était toujours pressé lorsqu'il s'agissait de gagner de l'argent, et qu'il préférait les pistoles qui le faisaient vivre à la chimère d'une vaine gloire avec laquelle il serait mort de misère.

PATRU

On lit dans une lettre de la marquise de Sévigné :

« Un jour, Patru étant revenu d'une grande maladie, à l'âge de quatre-vingts ans, ses amis s'en réjouissaient avec lui et le conjuraient de se lever :

— « Hélas! leur dit-il, est-ce la peine de se rhabiller ? »

Plus tard, et cette fois, c'était la fin, Bossuet l'alla voir et lui dit :

— On vous a regardé jusqu'ici comme un esprit fort ; pensez à détromper le public par des discours sincères et religieux.

— Il est plus à propos que je me taise, dit Patru ; on ne parle dans ses derniers moments que par faiblesse ou par vanité.

Et il mourut gaiement et courageusement, dans la plus complète pénurie.

CORNEILLE (PIERRE)

Corneille avait une mise fort négligée. Quand ses amis, qui souhaitaient le voir parfait en tout, lui faisaient remarquer ce léger défaut, il souriait et disait :

— Je n'en suis pas moins pour cela Pierre Corneille.

Il s'est peint dans ces six vers, qui se trouvent dans un billet adressé à Pellisson :

> En matière d'amour, je suis fort inégal ;
> J'en écris assez bien et le fais assez mal.
> J'ai la plume féconde et la bouche stérile ;
> Bon galant au théâtre et fort mauvais en ville ;
> Et l'on peut rarement m'écouter sans ennui
> Que quand je me produis par la bouche d'autrui.

Turenne, assistant à une représentation de *Sertorius*, s'écria à plusieurs reprises :

— Mais où donc Corneille a-t-il appris l'art de la guerre ?

Le maréchal de Gramont disait, après avoir vu jouer *Othon*, que Corneille devrait être le bréviaire des rois.

M. de Louvois ajoutait qu'il faudrait un parterre

composé de ministres d'État pour juger cette pièce.

—

Cinq ou six ans avant sa mort, le grand tragique disait à Chevreau :

— J'ai pris congé du théâtre, et ma poésie s'en est allée avec mes dents !

Que de douleur sous cette pensée triviale !
Quand Boileau disait :

> Que Corneille, pour lui, ranimant son audace,
> Soit encore le Corneille et du *Cid* et d'*Horace:*

— Ne le suis-je pas toujours ? répondait-il avec mélancolie.

MÉNAGE

Ménage avait fait une satire contre l'Académie naissante, ce qui empêcha qu'il y fût admis.

Le président Rose disait à ce sujet :

— Le motif qui l'a fait refuser aurait dû l'y faire admettre, comme on force un homme à épouser une fille qu'il a déshonorée.

—

Quand le préjugé nous attaque, le goût change, disait Ménage ; depuis que je suis réconcilié avec le Père Bouhours, je trouve ses ouvrages meilleurs.

ROTROU

L'auteur de *Venceslas*, que Corneille appelait « son père », non qu'il fût né avant lui, mais parce que Rotrou l'avait précédé au théâtre, mourut comme un héros.

Il était lieutenant-criminel de la ville de Dreux, et il était venu à Paris pour les répétitions de *Don Lope de Cordoue*; lorsqu'il apprit qu'une épidémie sévissait à Dreux, il y retourna aussitôt.

Aux instances de son frère, qui le conjure de quitter ce foyer d'infection, il répond que son devoir lui ordonne de rester où est le danger. Voici sa lettre :

« Le salut de mes concitoyens m'est confié ; j'en réponds à ma patrie. Je ne trahirai ni l'honneur ni ma conscience. Ce n'est pas que le péril où je me trouve ne soit fort grand, puisque au moment où je vous écris, on sonne pour la vingt-deuxième personne morte aujourd'hui. Ce sera pour moi quand il plaira à Dieu. »

Et il fut emporté par le fléau peu de jours après.

SCARRON

Quand on fit le contrat de mariage de Mlle d'Aubigné avec Scarron, il lui reconnut « quatre louis de rente, deux beaux grands yeux fort malins, un très-beau corsage, une paire de belles mains et beaucoup d'esprit. »

Le notaire lui ayant demandé quel douaire il lui assurait :

— L'immortalité, répondit Scarron ; le nom des femmes de roi meurt avec elles ; celui de la femme de Scarron vivra toujours.

C'était une consolation.

Il avait dit, lorsqu'il fut question de ce mariage :

— Je ne lui ferai point de sottises, mais je lui en apprendrai beaucoup.

—

Ménage disait un jour à Scarron :

— Ce n'est point assez, pour faire plaisir à votre femme, qu'elle soit mariée ; il faut que vous ayez d'elle au moins un enfant : vous croyez-vous capable d'être père ?

Le cul-de-jatte était d'humeur joyeuse ; il répondit en riant à son ami :

— Est-ce que vous voudriez me faire ce plaisir-là ? Nenni. J'ai ici Maugin, qui, à la rigueur, me rendrait ce service.

Maugin, un bon gros garçon, était son laquais ; entendant ainsi parler son maître, il s'empressa de répondre :

— Oui-dà, oui-dà, s'il plaît à Dieu.

Le tailleur de Scarron lui disait un jour :

— Oh! monsieur Scarron, quelle satisfaction j'éprouverais si vous vouliez faire quelques vers sur ma pauvre personne.

— Maître Robert, lui répondit le malin cul-de-jatte, il est juste que ma muse s'enflamme pour vous, après avoir brûlé de l'encens pour une foule de gens qui ne vous valent pas.

Après avoir rêvé quelques instants, Scarron s'écrie avec un feint enthousiasme :

> Grand Dieu, qui fîtes les planètes
> Et le ciel, d'astres tout couvert...

— Monsieur, interrompt le tailleur, baissez un peu le ton, je vous prie, cela est trop beau pour moi ; vous oubliez que je suis un pauvre homme.

— Eh! non, mon ami, vous allez être satisfait ; écoutez :

> Faites de mon c.. des lunettes
> Pour le nez de maître Robert.

―

Quand Scarron avait de l'argent, il dédiait ses ouvrages à la levrette de sa sœur ; quand il en manquait, il les dédiait à un grand seigneur, « qu'il louait autant et qu'il n'estimait pas davantage. »

MÉZERAY

Cet historien avait une mise tellement négligée, qu'on le prenait souvent pour un mendiant. Il fut arrêté un jour par les archers des pauvres ; la bévue le charma au lieu de l'irriter, car il aimait les aventures singulières.

Seulement, ne voulant pas mener trop loin cette affaire, il dit à ces soldats :

— Je suis trop incommodé pour aller à pied ; mais aussitôt qu'on aura mis une roue qui manque à mon carrosse, je me ferai un vrai plaisir d'aller dans votre compagnie où il vous plaira.

—

Il aimait le vin, et en avait toujours une bouteille sur sa table lorsqu'il étudiait.

Et il n'avait pas que ce goût — ou ce défaut ; — il disait, avec plus de franchise que de délicatesse, que la goutte dont il était tourmenté lui venait « de la fillette et de la feuillette ».

—

Son endroit favori était un cabaret situé à La Chapelle, alors hors de Paris ; il y passait des journées entières ; les propos qu'il y entendait faisaient ses délices. Le cabaretier fut son légataire universel.

—

Il n'aimait pas les « traitants », et disait toujours qu'il avait deux écus d'or qu'il destinait, l'un « à louer une place en Grève lors de l'exécution de quelques-uns d'eux, l'autre pour boire à leur santé. »

———

Quand il travaillait au Dictionnaire de l'Académie, il mit au mot *Comptable :* « Tout comptable est pendable. »

Ses confrères ne voulurent pas accepter ce corollaire ; il fut obligé de le supprimer, ce qu'il ne fit qu'en ajoutant : « Rayé, quoique véritable. »

———

La franchise de cet honnête homme et sa hardiesse lui firent supprimer sa pension : quatre mille livres. Il mit à part dans une cassette ses derniers appointements d'historiographe avec ce billet :

« Voici le dernier argent que j'ai reçu du roi ; il a cessé de me payer et moi de parler de lui, — soit en bien, soit en mal. »

———

BENSERADE

Le duc d'Enghien discutait avec Boileau sur le mérite de Benserade, que le satirique n'aimait pas.

— Mais les vers en sont clairs, disait le fils du grand Condé ; ils sont parfaitement rimés et disent bien ce qu'ils veulent dire.

— Monseigneur, lui répondit Boileau, il y a quelque temps que je vis une estampe qui représentait un soldat qui se laissait manger par les poules ; en bas de cette estampe était ce distique :

> Le soldat qui craint le danger
> Aux poules se laisse manger.

Cela est clair, cela est bien rimé, cela dit tout ce que cela veut dire, et pourtant cela est le plus plat du monde.

Benserade était fils d'un procureur de Gisors ; le succès l'ayant enivré, il se fit faire une généalogie ; sur la porte d'une assez belle maison qu'il possédait à Chantilly, on sculpta des armes surmontées d'une couronne de *comte*, ce qui faisait dire à un de ses amis :

— Il a raison, c'est aux poëtes à en faire.

LA FONTAINE

Comment il jugeait son opéra-tragédie *l'Astrée*

A la première représentation de cette pièce, La Fontaine ne cessait de s'écrier :

— Cela est détestable !

Des dames, qui étaient dans la même loge que l'auteur, importunées de ces exclamations, lui dirent :

— Monsieur, cela n'est pas si mauvais que vous le dites ; d'ailleurs, l'auteur est un homme d'esprit : c'est M. de La Fontaine.

— Eh ! mesdames, répondit-il sans s'émouvoir, je vous assure que la pièce ne vaut pas le diable, et que ce La Fontaine est un stupide. Vous pouvez me croire : c'est lui qui vous parle.

Après le premier acte, La Fontaine alla au café Marion, où il s'endormit dans un coin.

Un homme qui le connaissait, surpris de le voir, s'écrie :

— Comment ! M. de La Fontaine est ici, pendant la première représentation de son opéra !

Ces mots, dits assez haut, réveillent l'auteur, qui répond en bâillant :

— J'en viens. J'ai vu le premier acte ; il m'a si prodigieusement ennuyé que je n'ai pas voulu en entendre davantage. En vérité, j'admire la patience des Parisiens.

Ses distractions

Le Bonhomme, — comme on le nommait, — était plus malin que naïf, ce que beaucoup ignorent.

Ayant été invité à dîner par des financiers, qui désiraient jouir de la conversation de l'auteur des *Fables*, La Fontaine dégusta le fin dîner qui lui était servi en véritable appréciateur de la bonne chère, sans dire une seule parole.

Les convives espéraient qu'il les dédommagerait au dessert ; mais, ce moment arrivé, La Fontaine se lève et déclare qu'il est temps pour lui de se rendre à l'Académie.

Tout le monde est stupéfait, on lui objecte qu'il est trop tôt.

— Ah ! eh bien, je prendrai le plus long, répond-il.

Le repas était bon ; mais il paraît que les convives ne lui plaisaient guère.

—

Ayant été admis devant le roi, auquel il devait lire quelques-unes de ses fables, La Fontaine retourne toutes ses poches et s'aperçoit qu'il les a oubliées.

— Ce sera pour une autre fois, monsieur de La Fontaine, lui dit Louis XIV avec bonté.

Il n'eut jamais aucune faveur du monarque qui « n'aimait pas attendre. »

—

La Fontaine avait reçu un billet pour assister aux obsèques d'une personne de sa connaissance.

Quelque temps après, ayant oublié que cette personne était morte, il alla chez elle pour lui demander à dîner.

— Mais mon maître est mort depuis huit jours, lui dit le domestique.

— Ah! répondit La Fontaine, je ne croyais pas qu'il y eût si longtemps.

———

Le Bonhomme entendant plaindre le sort des damnés au milieu des flammes disait :

— Je me flatte qu'ils s'y accoutument et qu'à la fin ils sont là heureux comme le poisson dans l'eau.

———

Après la mort de Mme de La Sablière, chez laquelle il logeait depuis une vingtaine d'années, il se trouva, pour ainsi dire, dans la rue.

Comme il sortait de l'hôtel de La Sablière, il rencontra M. d'Hervart, riche fermier général, qui était dans sa voiture et qui la fit arrêter :

— Je suis charmé de vous rencontrer, dit-il à La Fontaine; j'ai su le malheur qui vous est arrivé, et j'allais vous prier de venir loger chez moi.

— J'y allais, répondit tout bonnement La Fontaine.

Le duel de La Fontaine

Le capitaine Poignan se plaisait dans la maison de La Fontaine et surtout avec sa femme, dont le fabuliste n'était pas encore séparé.

Poignan n'était plus d'âge ni de figure à troubler le repos d'un mari ; cependant on persuada à La Fontaine qu'il serait déshonoré s'il ne se battait pas avec cet ancien militaire.

Frappé de cette idée, il sort de bon matin, va trouver son ami, lui dit de s'habiller et de le suivre.

Poignan qui ne savait ce que tout cela signifiait sort avec lui.

Ils arrivent dans un endroit écarté, hors de la ville.

— Je veux me battre avec toi ; on me l'a conseillé, lui dit La Fontaine.

Et après avoir expliqué ses griefs, il met l'épée à la main, son ami en fait autant de son côté.

Le combat ne fut pas long ; du premier coup, le capitaine lui fit sauter son épée.

Le poëte prend la main de Poignan et lui dit :

— On a voulu que nous nous battions, nous nous sommes battus. Maintenant, viens déjeuner et retourne chez ma femme tant que tu voudras.

On ne peut être plus accommodant.

Ce que La Fontaine pensait de son fils.

La Fontaine, vivant séparé de sa femme, n'avait jamais revu son fils depuis son bas âge. Mme de La Sablière l'avait placé entre les mains du président de Harlay, qui en avait fait un jeune homme accompli.

Une personne, qui voulait faire une surprise au fabuliste, les fit se rencontrer dans son salon.

La Fontaine causa avec ce jeune homme, à qui il trouva de l'esprit et du goût.

On lui dit alors que c'était son fils.

— Ah ! j'en suis bien aise, répondit-il ; c'est un garçon fort distingué.

Ce fut la seule marque de satisfaction qu'il donna.

On pourrait croire que ce fut de l'égoïsme ou de l'insensibilité, si les preuves de dévouement que La Fontaine donna à Fouquet après sa disgrâce n'eussent prouvé qu'il avait un cœur.

Il y avait peut-être dans son indifférence quelque motif que la légende ne nous a pas transmis.

**

Sa fin

Les prêtres voulurent le convertir dans les dernières années de son existence. Son confesseur l'exhortait à désavouer ses *Contes* et à réparer le scandale de sa vie par de bonnes œuvres ; il lui dit :

— Mon père, je ne suis pas riche ; mais tenez, on va faire une nouvelle édition de mes *Contes*, j'en donne cent exemplaires aux pauvres.

Et pour conclure avec ce charmant esprit, dont les œuvres seront toujours lues avec un grand plaisir, citons cet éloge qu'en a fait Fénelon :

« Dites si Anacréon a su badiner avec plus de grâce, si Horace a paré la philosophie d'ornements poétiques plus variés et plus attrayants, si Térence a peint les mœurs des hommes avec plus de naturel et de vérité, si Virgile enfin a été plus touchant et plus harmonieux ? »

MOLIÈRE

Molière disait que le mépris était une pilule qu'on pouvait bien avaler, mais qui ne pouvait guère se mâcher sans faire la grimace.

Racine regarda toujours Molière comme un homme unique. Louis XIV lui demandait un jour quel était le plus grand écrivain de son règne.

— Molière, Sire, répondit Racine.

— Je ne le croyais pas, dit le roi ; mais vous vous y connaissez mieux que moi.

Molière était fort ami du célèbre avocat Fourcroy, homme redoutable par la capacité et par la grande étendue de ses poumons; ayant une dispute avec lui à table en présence de Despréaux, Molière dit au satirique :

— Qu'est-ce que la raison avec un filet de voix contre une gueule comme celle-là ?

* *

Pourquoi Molière n'aimait pas les médecins

Notre grand comique logeait chez un médecin, dont la femme extrêmement avare voulut lui augmenter son loyer, et, sur le refus du poëte d'accepter cette surévélation, elle lui donna congé.

Cette action de sa propriétaire ne devait pas le faire venir à résipiscence ; aussi s'en donne-t-il à cœur-joie. Pour rendre ses plaisanteries plus piquantes, Molière représente, dans l'*Amour médecin*, les premiers médecins de la cour avec des masques qui les firent reconnaître de tous.

Molière avait prié Boileau de lui gréciser le nom de ces messieurs : De Fougerais se nomma Desfonandrès, qui signifie *tueur d'hommes ;* Esprit, qui bredouillait, celui de Bahis, qui veut dire *jappant, aboyant ;* Guenaut, qui parlait lentement, s'appela Macroton, qui signifie *long*, et, enfin, d'Aquin se nomma Tomès, qui veut dire *saigneur*, parce que ce médecin, comme Sangrado plus tard, ordonnait souvent la saignée.

Où Molière trouve le nom de Fleurant

Quand Molière fit son *Malade imaginaire*, il ne trouvait pas de nom pour le « lévrier de la Faculté », qu'il voulait mettre en scène.

Un jour, rencontrant un garçon apothicaire, armé du plus noble ustensile de sa profession, il lui demanda sur qui « il allait tirer ».

L'apothicaire lui répond qu'il va « seringuer de la beauté » à une comédienne.

— Comment vous nommez-vous ? lui dit Molière.

— Fleurant, répond le « Postillon d'Hippocrate ».

Molière, enchanté d'avoir trouvé un nom qu'il cherchait vainement depuis plusieurs jours, ne peut résister au désir de lui en témoigner sa reconnaissance : il l'embrasse.

Peu après, ce garçon apothicaire, — grâce à l'indiscrétion de Molière, — devint maître et fit fortune. Le ridicule de son nom avait fait son bonheur.

A propos de cette pièce, signalons un petit détail qui est peu connu :

A la première représentation, Béralde disait au clystériseur :

— Allez, monsieur, on voit bien que vous n'avez coutume de parler qu'à des c...

Un murmure désapprobateur s'éleva du parterre ; à la seconde, on applaudit cette variante :

— Allez, monsieur, on voit bien que vous n'êtes pas accoutumé de parler à des visages.

Louis XIV collaborateur de Molière

Le roi, en sortant de la première représentation des *Fâcheux*, dit à Molière, en voyant passer le comte de Soyecourt, grand chasseur, insupportable par ses récits :

— Voilà un grand original que tu n'as pas encore copié.

C'en fut assez. La scène du *fâcheux* chasseur fut faite et apprise en moins de vingt-quatre heures, et comme Molière n'entendait rien au jargon de la chasse, il pria le comte de Soyecourt de le lui apprendre, ce que celui-ci s'empressa de faire.

Comment Molière trouva le nom de Tartuffe et quelques anecdotes sur cette pièce

Notre célèbre comique se trouvant chez le nonce du pape avec deux ecclésiastiques dont l'air mortifié et hypocrite lui représentait assez bien le personnage de l'Imposteur, qu'il avait alors dans la tête, on vint présenter à Son Excellence des truffes à acheter.

Un de ces dévots, qui savait un peu l'italien, à ce mot de « truffe » sortit tout à coup de son humble attitude, et choisissant saintement les plus belles, s'écria d'un air riant :

— *Tartufoli, signor, tartufoli !*

Molière, qui était toujours un observateur attentif, prit de là l'idée de donner à son Imposteur le nom de Tartuffe.

Quant au « Le pauvre homme », ce fut Louis XIV qui en fut l'auteur ; voici comment :

Le roi marchait vers la Lorraine à la fin de l'été de 1662. Accoutumé, dans ses premières campagnes, à ne faire qu'un repas, le soir, il allait se mettre à table un jour de jeûne, lorsqu'il consulte l'évêque de ***, qui avait été son précepteur. L'évêque répond au roi qu'il ne fait qu'une légère collation un jour de jeûne. Sur ce, un courtisan se met à rire ; le roi veut savoir le motif de cet accès de gaieté. Le rieur, obligé de satisfaire Sa Majesté, se met à énumérer tous les plats succulents dont se compose la légère collation de l'évêque.

A chaque mets exquis et recherché que le conteur énumérait, Louis XIV s'écriait :

— Le pauvre homme !

Et, chaque fois, il variait sa prononciation, ce qui rendait cette phrase très-plaisante.

Molière, qui accompagnait le roi en qualité de valet de chambre, — c'est l'abbé de Laporte qui le dit, — fut frappé par cette scène, et il s'en servit dans son *Tartuffe*.

Le roi, en écoutant les trois premiers actes de cette comédie aux fêtes de Versailles, ne se rappelait nullement la part qu'il avait à cette scène ; Molière l'en fit ressouvenir, et cela fut loin de déplaire au monarque.

—

A la deuxième représentation, il arriva une défense du Parlement de jouer cette comédie.

— Messieurs, dit Molière en s'adressant à l'assemblée, nous comptions avoir l'honneur de vous donner aujourd'hui le *Tartuffe*, mais M. le premier président ne veut pas qu'on le joue.

—

A la même époque, on jouait au Théâtre-Italien une pièce très-licencieuse intitulée *Scaramouche ermite;* un moine monte la nuit à une échelle et entre par la fenêtre dans la chambre d'une femme mariée.

Il reparaît de temps à autre à la fenêtre en disant :

— *Questo per mortificar la carne !*

Cette pièce ayant été jouée à la cour, le roi dit en sortant au grand Condé :

— Je voudrais bien savoir pourquoi les gens qui se scandalisent si fort de la comédie de Molière ne disent rien de *Scaramouche*.

Le prince répondit :

— Sire, dans *Scaramouche* on joue le ciel et la religion, ce dont ces messieurs ne se soucient point ; mais dans le *Tartuffe*, Molière les joue eux-mêmes, et c'est ce qu'ils ne peuvent souffrir.

La première comédie que Piron vit à Paris fut le *Tartuffe* ; son admiration alla jusqu'à l'extase. A la fin de la pièce, ses transports augmentant encore, ses voisins lui demandèrent l'explication de son enthousiasme :

— Ah! messieurs, s'écria-t-il, si cet ouvrage n'était pas fait, il ne se ferait jamais.

Molière avait pour Baron une vive amitié. Un jour, le jeune acteur vint annoncer à Molière qu'un comédien de province, nommé Mondorge, n'osait, à cause de son extrême misère, se présenter devant lui, et qu'il sollicitait quelques secours pour pouvoir rejoindre sa troupe.

Molière, qui voulait former Baron à son image pour la bienfaisance, lui demanda d'un air indifférent combien il fallait donner au pauvre diable.

— Quatre pistoles, répondit au hasard le jeune Baron.

— Donne-lui ces quatre pistoles pour moi, dit Molière ; mais en voilà vingt pour toi, car je veux qu'il t'ait l'obligation de ce service.

Le jugement de la servante de Molière

Tout le monde sait que Molière consultait La Forêt, sa servante, sur ses pièces, et qu'il appréciait beaucoup son jugement ; mais ce que tout le monde ne sait pas, c'est qu'un jour il voulut la mettre à l'épreuve, en lui lisant une comédie d'un auteur quelconque, comme étant une de ses nouvelles productions.

La servante écoute un instant, puis elle s'écrie :

— Ce n'est pas vous qui avez fait cela.

Molière continue ; elle l'interrompt à chaque instant en s'écriant :

— Non, non, ce n'est pas vous qui avez fait cela.

PELLISSON

La petite vérole l'avait si fort défiguré, que Mme de Sévigné disait de lui :

— Pellisson abuse de la permission qu'ont tous les hommes d'être laids.

Une dame le prit un jour par la main et le conduisit chez un peintre en disant à ce dernier :

— Tout comme cela, trait pour trait.

Le peintre fixa Pellisson et le pria de se tenir en place.

Celui-ci demanda l'explication de ce qu'on lui voulait.

— Monsieur, répondit le peintre, je suis chargé par cette dame de représenter la Tentation de Jésus-Christ dans le désert ; nous contestons depuis longtemps sur les traits à donner au diable ; elle vous fait l'honneur de vous prendre pour modèle.

Mme DE SÉVIGNÉ

C'était une blonde rieuse, nullement sensuelle, fort enjouée et badine, dit Sainte-Beuve ; les éclairs de son esprit passaient et reluisaient dans ses prunelles changeantes, et, — comme elle le dit elle-même, — dans ses paupières bigarrées.

Mme de Sévigné n'avait pas moins d'originalité dans sa conversation que dans ses *Lettres*.

S'embarrassant dans le récit d'un procès qu'elle avait, elle dit au président de Bellièvre :

— Je sais bien l'air, mais je ne sais pas les paroles.

Un jour, parlant d'une personne qui avait les dents malpropres et gâtées, elle disait :

— Ses dents puent aux yeux avant que d'empoisonner le nez.

Cette dame venait de verser chez son notaire la dot de sa fille.

— Voilà, s'écrie-t-elle, beaucoup d'argent pour obliger M. de Grignan à coucher avec ma fille.

Puis, après un moment de réflexion :

— Il y couchera demain, après-demain, et toujours... Ma foi, ce n'est pas trop d'argent pour cela...

LINIÈRE

Le Pays était un poëte assez médiocre. Disputant un jour avec le satirique chevalier de Linière, il s'émancipa jusqu'à lui dire :

— Vous êtes un sot en trois lettres.

L'autre de lui répondre avec un grand sang-froid :

— Et vous en mille.

Linière reprochait un jour à Montmaur le parasite de dîner souvent chez les autres.

Celui-ci répondit :

— Comment voulez-vous que je fasse? On m'en presse.

— Je connais qui vous presse, répondit Linière, c'est la Gourmandise.

Le poëte Linière était fort satirique, et malheur à ceux qui se trouvaient en butte à sa mauvaise humeur.

Beaucoup de personnes ne savent pas ce qu'il en a coûté à Chapelain, cette pauvre victime de Boileau, pour avoir été sincère avec Linière.

Voici les motifs de la haine que ce dernier lui avait vouée :

Linière étant venu montrer des vers à Chapelain, celui-ci lui dit après les avoir lus :

— Monsieur le chevalier, vous avez beaucoup d'esprit et de bonnes rentes ; c'en est assez pour être heureux ; ne faites plus de vers : la qualité de poëte, — à moins d'être supérieur, — est méprisable dans un homme de qualité comme vous.

Linière, outré de ce propos, résolut de s'en venger, et fit cette ingénieuse parodie du *Cid*, que l'on attribue faussement à Boileau, qui n'en a fait que la dernière scène. Furetière avait fait les stances.

—

C'est de Linière que Boileau disait :

— Le seul acte de religion qu'a jamais fait cet homme, c'est d'avoir bu toute l'eau d'un bénitier... parce qu'une de ses maîtresses y avait trempé le bout du doigt.

—

M. de Marolles disait un jour à Linière :

— J'ai de la facilité, mes vers me coûtent peu.

Et Linière de lui répondre :

— Ils vous coûtent ce qu'ils valent.

SANTEUL

Santeul avait une discussion vive et animée avec M. le prince de Condé sur quelques ouvrages d'esprit.

Le prince, qui n'avait pas le dessus, dit à Santeul d'un air un peu fâché :

— Sais-tu que je suis prince du sang ?

— Oui, monseigneur, répond le poëte, je le sais bien ; mais moi, je suis prince du bon sens, ce qui est infiniment plus estimable.

On sait que Santeul était fort laid.

Comme il racontait, dans un cercle, que le marchand qui avait édité son portrait avait assez gagné sur la vente de cette gravure pour doter ses trois filles, un plaisant dit :

— On n'en marierait pas une sur l'original.

— Qui sait ? dit Santeul ; l'original peut faire des choses que la copie ne ferait pas.

BOILEAU-DESPRÉAUX

Le maréchal de La Feuillade lisait un jour à Boileau des vers que celui-ci trouva mauvais.

— Vous êtes difficile, monsieur, répond le courtisan ; le roi et la dauphine les ont trouvés charmants.

— Je ne doute point, répond Boileau, que le roi s'entende très-bien à gouverner, et je sais Mᵐᵉ la dauphine une princesse remplie de lumières ; mais avec votre permission, je crois me connaître en vers aussi bien qu'eux.

Et lorsque ce courtisan alla « rendre compte » au roi de ce qu'il appelait l'insolence de Boileau :

— Oh ! pour cela, répondit le roi, je suis fâché de vous dire que Despréaux a raison.

—

On discutait devant Louis XIV si *grand* et *gros* étaient synonymes ; le roi, disant que non, demanda l'opinion de Boileau :

— Je suis bien de l'avis de Votre Majesté, répondit-il ; il est certain qu'il y a une grande différence entre Louis le Grand et Louis le Gros.

—

Après sa nomination à l'emploi d'historiographe des campagnes du roi, Boileau disait :

— Quand je faisais le métier de satirique, — que j'entendais assez bien, — on m'accablait d'injures et de menaces ; on me paye bien cher aujourd'hui pour faire le métier d'historiographe que je n'entends pas.

Boileau était toujours d'une grande exactitude dans ses rendez-vous, et voici quelle était sa raison :

— Je ne me fais jamais attendre, car j'ai observé que les défauts d'un homme se présentent toujours à l'esprit de celui qui l'attend.

Boileau était excellent et très-obligeant. On sait les démarches qu'il fit pour que la pension de Corneille ne fût pas supprimée, offrant même d'abandonner la sienne qu'il disait avoir moins méritée que ce grand homme.

On sait aussi qu'ayant appris que Patru, par besoin, vendait ses livres, il les acheta, et que, les ayant payés, il le pria de les garder jusqu'à sa mort.

Enfin, sa bourse était ouverte à tous les gens de lettres, et notamment à Linière, qui allait boire son argent au premier cabaret, où il s'amusait quelquefois à faire un couplet contre celui qui venait de l'obliger.

Beaucoup de personnes se sont fait une fausse

idée de cet homme qui, bien que presque toujours souffrant, ne fut « cruel que dans ses vers », a dit Mme de Sévigné.

———

Un jésuite s'égayait, devant le satirique sur le compte de Pascal et sur les travaux manuels auxquels, comme ses confrères, il se livrait à Port-Royal.

— Pascal, disait-il, s'occupe, dans sa retraite, à faire des souliers.

— J'ignore, répondit Boileau, si Pascal fait des souliers ; mais je sais bien qu'avec ses *Provinciales* il vous a porté une furieuse botte.

———

Parlant d'un jeune homme efféminé, le satirique disait :

— Il est plus capable de donner de la jalousie aux femmes qu'aux maris.

———

Le vieux médecin Falconet, si connu par sa vaste érudition, a conté plusieurs fois qu'un jour il alla voir Boileau à sa maison d'Auteuil.

On parla des génies de la France.

— Je n'en connais que trois, s'écria l'auteur du *Lutrin* : Corneille, Molière...

— Sans doute Racine est le troisième ? repartit Falconet en l'interrompant.

— Racine, répliqua Boileau avec humeur, n'est qu'un bel esprit, à qui j'ai appris difficilement à faire des vers ; le troisième... c'est moi.

**

L'opinion de Chapelle sur Boileau

Boileau demandait à son ami Chapelle ce qu'il pensait de son style.

— Tu es un bœuf qui fait bien son sillon, lui répondit l'auteur du *Voyage en Languedoc*.

Le jardinier de Boileau

Lorsque Despréaux eut adressé une épître à son jardinier d'Auteuil, la plupart des personnes qui allaient voir l'auteur félicitaient maître Antoine de l'honneur que son maître lui avait fait, et tous lui enviaient une distinction si glorieuse.

Le Père Bouhours, jésuite, lui faisant son compliment comme les autres, lui dit d'un ton railleur :

— N'est-il pas vrai, messire Antoine, que l'épître que votre maître vous a adressée est la plus belle de toutes celles qu'il a faites ?

— Nenni dà, mon Père, répondit Antoine ; c'est celle de l'*Amour de Dieu*.

DUFRESNY

On sait que cet arrière-petit-fils de Henri IV épousa sa blanchisseuse pour ne pas acquitter un mémoire qu'il ne pouvait lui payer ; l'anecdote racontée par Le Sage dans le *Diable boiteux*, ne manque pas de relief :

« J'y veux envoyer aussi, dit le Diable, un vieux garçon de bonne famille, qui n'a pas plutôt un ducat qu'il le dépense, et qui, ne pouvant pas se passer d'espèces, est capable de tout faire pour s'en procurer.

« Il y a quinze jours, sa blanchisseuse, à qui il devait trente pistoles, vint les lui demander, en disant qu'elle en avait besoin pour se marier avec un valet de chambre qui la recherchait.

« — Tu as donc d'autre argent, lui dit Dufresny ; car où diable est le valet de chambre qui voudrait devenir ton mari pour trente pistoles ?

« — Eh ! mais, répondit-elle, j'ai encore, outre cela, deux cents ducats.

« — Deux cents ducats ! répliqua-t-il avec émotion ; malpeste ! tu n'as qu'à me les donner, à moi, je t'épouse et nous serons quittes.

« Et la blanchisseuse est devenue la femme de Dufresny. »

—

Il reprochait un jour à l'abbé Pellegrin d'avoir

du linge quelque peu douteux, celui-ci lui répondit avec sa bonhomie habituelle :

— Hélas! 'tout le monde n'est pas assez heureux pour pouvoir épouser sa blanchisseuse.

Quelqu'un disait à Dufresny, à la suite d'une conversation quelconque :

— Pauvreté n'est pas vice.

— C'est bien pis, répondit-il.

Louis XIV disait :

— Il y a deux hommes que je ne pourrai jamais enrichir : Dufresny et Bontemps.

DACIER ET Mme DACIER

On demandait à M. Dacier quel était le plus beau de Virgile ou d'Homère :

Il répondit aussitôt :

— Homère est plus beau de mille ans.

Mme Dacier était non-seulement une femme très-savante, mais d'une grande valeur morale.

Le mari de cette dame lui disait un jour qu'elle devait modérer ses aumônes, qui lui semblaient supérieures à leur fortune.

— Ce ne sont pas les richesses que nous avons, dit-elle, qui nous feront bien vivre ; ce sont les charités que nous ferons ; elles seules peuvent nous rendre amis de Dieu.

VERTOT

Cet abbé avait été d'abord capucin ; il passa ensuite dans d'autres ordres et changea souvent de bénéfices ; on appelait cela les *Révolutions de l'abbé Vertot*.

Voici comment fut dit le mot du célèbre abbé, dont les écrivains font un fréquent emploi :

L'abbé Vertot avait un siège fameux à décrire ; les mémoires dont il avait besoin ayant tardé à lui arriver, il écrivit l'histoire du siége partie avec ses souvenirs et le reste d'après son imagination. Enfin, les documents arrivèrent.

— J'en suis fâché, dit-il, « mais mon siége est fait. »

AUTREAU

Cet auteur avait fait des couplets très-spirituels sur la *Princesse d'Élide* de l'abbé Pellegrin. Une nullité du jour s'étant attribué ces couplets, un ami d'Autreau lui montra ce personnage.

— Voilà un monsieur qui se prétend l'auteur des couplets que vous dites de vous.

— Eh bien, répondit Autreau avec bonhomie, pourquoi monsieur ne les aurait-il pas faits, je les ai bien faits, moi ?

Puis il s'éloigna. On ne dit pas quelle était la contenance du monsieur accusé de plagiat.

Autreau n'était pas seulement poëte, il était peintre ; son portrait, qu'il fit lui-même, est au musée de Versailles. En sa double qualité de peintre et de poëte, il mourut à l'hôpital, à quatre-vingt-neuf ans.

FONTENELLE

On demandait un jour à Fontenelle par quel moyen il s'était fait tant d'amis et pas un ennemi.

— En mettant en pratique ces deux axiomes : « Tout est possible, » et « Tout le monde a raison. »

Fontenelle disait souvent :

— Si je tenais toutes les vérités dans ma main, je me garderais bien de l'ouvrir.

Après sa réception à l'Académie, il dit :

— Il n'y a plus que trente-neuf personnes dans le monde qui aient plus d'esprit que moi!

Il a fait ces deux vers sur l'Académie :

> Sommes-nous trente-neuf, on est à nos genoux,
> Et sommes-nous quarante, on se moque de nous.

Un homme disait à Fontenelle :

— Je voudrais vous louer, mais pour cela il me faudrait la finesse de votre esprit.

— N'importe, répondit Fontenelle, louez toujours.

On demandait à Fontenelle la différence qu'il y avait entre le bon et le beau; il répondit :

— Le bon a besoin de preuves; le beau n'en demande point.

Le Régent demandait à Fontenelle quel jugement il fallait porter sur les ouvrages en vers, il répondit :

— Monseigneur, dites toujours qu'ils sont mauvais; sur cent fois vous ne vous tromperez pas deux.

— Dans un âge où j'étais fort amoureux, disait ce philosophe, ma maîtresse me fut infidèle. Je l'appris, je devins furieux; m'étant rendu chez elle, je l'accablai de reproches; mais elle me dit en riant :

— Fontenelle, lorsque je vous pris, c'était sans contredit le plaisir que je cherchais; j'en trouve plus avec un autre. Est-ce au moindre plaisir que je dois la préférence? Soyez juste et répondez-moi.

— Ma foi, ajoutait Fontenelle, je lui répondis : Vous avez raison, et si je ne suis plus votre amant, je veux, du moins, rester votre ami.

—

Un auteur ayant besoin du célèbre académicien, vint le trouver en s'accusant humblement de l'avoir outragé dans un de ses ouvrages.

Fontenelle lui répondit froidement :

— Monsieur, vous me l'apprenez.

—

Lamotte croyait avoir pour amis tous les gens de lettres. Il alla un jour jusqu'à le dire à Fontenelle.

— Si cela était vrai, lui répondit-il, ce serait un terrible préjugé contre vous; mais vous leur faites trop d'honneur et vous ne vous en faites pas assez.

—

Une personne de qualité, allant voir Fontenelle, le trouva de fort mauvaise humeur.

— Qu'avez-vous donc, cher ami, lui dit-il, qui vous rend si maussade ?

— Ce que j'ai ? répondit Fontenelle, c'est que n'ayant qu'un domestique, je suis aussi mal servi que si j'en avait vingt.

Cet homme d'esprit disait :

— Il y a trois choses que j'ai toujours beaucoup aimées et auxquelles je n'ai jamais rien compris : la musique, la peinture et les femmes.

Cet auteur trouvait souvent des tours ingénieux pour exprimer ses jugements ; en voici quelques-uns qui ne manquent pas de saveur :

Regardant le portrait d'un homme taciturne, il disait :

— Il est ressemblant ; on dirait qu'il se tait.

Il disait au cardinal Dubois :

— Vous avez travaillé dix ans à vous rendre inutile.

Voici l'éloge qu'il faisait de La Fontaine :

— Il était si bête, qu'il ne savait pas qu'il valait mieux qu'Esope et Phèdre.

Fontenelle, rencontrant un homme de sa connaissance qui venait de se marier, lui demanda si sa femme était jolie.

— Elle est très-aimable; elle a de l'esprit, des lumières.

— Ce n'est pas ce que je vous demande, répliqua Fontenelle; est-elle jolie? Une femme n'est obligée qu'à cela.

—

Les membres de l'Académie délibéraient pour savoir si on devait admettre ou rejeter Piron.

Le patriarche de la littérature, Fontenelle, alors âgé de quatre-vingt-dix-huit ans, s'était fait transporter à l'Académie. Comme il était complétement sourd, il jugea, par les gestes de quelques académiciens, que les esprits s'échauffaient.

— De quoi s'agit-il? demanda Fontenelle.

— Monsieur, lui répondit La Chaussée, on parle de M. Piron. Nous avouons tous qu'il a droit au fauteuil; mais il a fait son *Ode*, l'*Ode* que vous connaissez.

— Ah! oui, reprit l'auteur des *Mondes*; s'il l'a faite, il faut bien le gronder; mais s'il ne l'a point faite, il ne faut pas le recevoir.

—

Fontenelle n'était point impie, mais indifférent sur la religion, comme sur beaucoup d'autres choses; il était quelquefois satirique, on l'excusait, c'était presque involontairement.

Un ecclésiastique l'entretenait de la religion et lui disait :

— Dieu n'a-t-il pas fait l'homme à son image ?
— Je ne sais, répond Fontenelle; mais en tout cas l'homme le lui a bien rendu.

***

Fontenelle vécut près de cent ans; un trait de sa vie prouve que ce n'est pas la sensibilité pour les malheurs d'autrui qui mit un terme à sa longue existence.

Donc Fontenelle vivait avec M. d'Aube, son neveu à la mode de Bretagne, qui n'était pas d'une humeur très-agréable, si l'on en juge par ces vers de Rulhières :

> Avez-vous, par hasard, connu feu monsieur d'Aube,
> Qu'une ardeur de dispute éveillait jusqu'à l'aube ?

Or, M. d'Aube n'aimait les asperges qu'à la sauce, et Fontenelle ne les aimait qu'à l'huile.

Pour contenter l'un et l'autre goût on accommodait la moitié des asperges à la sauce et l'autre moitié à l'huile.

Un matin qu'il y avait des asperges pour déjeuner, l'infortuné d'Aube tomba tout à coup sur le parquet frappé d'apoplexie.

Fontenelle court à la porte et crie à la cuisinière :

— Toutes les asperges à l'huile !

Cette anecdote a peut-être été brodée sur ce propos qu'on lui prête :

— Voulez-vous vivre longtemps ? Ayez un bon estomac et un mauvais cœur.

———

Mme de Tencin lui disait un jour en lui frappant sur la poitrine.

— Ah ! que je vous plains, car ce n'est pas un cœur que vous avez là, c'est de la cervelle.

De la part de Mme de Tencin, c'était raide.

Du reste, quand on annonça à ce philosophe la mort de Mme de Tencin, chez qui il passait sa vie, il dit pour tout regret et avec sa douceur ordinaire :

— Eh bien, j'irai dîner chez Mme Geoffrin.

———

Voilà quelques anecdotes qui prouvent que le cœur de Fontenelle n'était pas aussi sec que quelques-uns ont bien voulu le dire.

M. Brunel, un de ses amis, lui écrit de Rouen :

« Vous avez mille écus, me dit-on ; envoyez-les-moi. »

Fontenelle lui répond :

« Lorsque j'ai reçu votre lettre, j'allais placer mes mille écus, et je ne retrouverai pas aisément une aussi bonne occasion ; voyez donc.

Brunel récrit :

« Envoyez-moi vos mille écus. »

Fontenelle les lui envoya.

———

Après la mort de Brunel, l'abbé Trublet demandait à Fontenelle s'il consultait son ami défunt sur ses ouvrages :

— Je les lui montrais, dit Fontenelle.

— Et comment les trouvait-il ?

— Belle demande ! n'étaient-ils pas les siens ? n'était-ce pas lui ?

Un homme qui comprenait ainsi l'amitié n'était pas un égoïste.

———

Encore un autre trait : Mme Geoffrin, qui était la bienfaisance même, cherchait souvent à émouvoir la sensibilité de Fontenelle en faveur d'une infortune quelconque ; elle y déployait cette éloquence qui vient du cœur et qui émeut les plus indifférents.

Fontenelle s'enfonçait dans son grand fauteuil, puis après un moment de silence, il disait :

— C'est bien fâcheux.

Mais Mme Geoffrin était tenace, et quand il s'agissait de secourir les malheureux, elle n'abandonnait pas facilement la partie.

— Fontenelle, donnez-moi donc cinquante louis pour ces malheureux.

Et il allait chercher les cinquante louis et n'en reparlait jamais.

———

Ce célèbre écrivain avait une conversation charmante ; ses amis se l'arrachaient ; aussi avait-il ses jours marqués chez chacun d'eux pour y dîner, ce qui fit dire à Piron en voyant passer son convoi :

— Voilà la première fois que M. de Fontenelle sort de chez lui pour ne pas dîner en ville.

Fontenelle disait à un âge très-avancé :

— Si je recommençais ma carrière, je ferais tout ce que j'ai fait.

Près d'expirer, il disait :

— Voilà la première mort que je vois.

Son médecin lui ayant demandé ce qu'il souffrait.

— Je ne sens, dit-il, autre chose qu'une difficulté d'être.

Puis à un de ses amis qui lui demandait :

— Comment cela va-t-il ?

— Cela ne va pas, répondit Fontenelle ; cela s'en va.

Et il ajoutait avec un soupir :

— J'envoie devant moi mes gros équipages.

DE SAINT-PIERRE

L'abbé de Saint-Pierre était allé voir une femme de beaucoup d'esprit, mais qui le connaissait à peine ; la conversation, d'abord un peu froide, ne tarda pas à s'animer, l'un et l'autre étant en fonds par la variété des connaissances.

Quand l'abbé se retira, la dame le remercia du plaisir qu'elle avait pris à l'entendre.

— Ne me remerciez pas, madame, répondit-il, je suis un instrument, et vous en avez bien joué.

—

Voici un détail concernant l'auteur de la *Paix perpétuelle* qui est peu connu :

L'abbé de Saint-Pierre avait écrit contre le célibat des prêtres, parce qu'il savait par lui-même combien il était difficile d'observer la chasteté. Il disait :

— J'ai observé très-exactement tous les préceptes du Décalogue, surtout le dernier ; je n'ai jamais pris ni le bœuf, ni l'âne, « ni la femme, ni la servante de mon prochain. »

Mais ce que le bon abbé ne disait pas, et ce que tout le monde savait bien, c'est qu'il avait de ses « gouvernantes » beaucoup d'enfants, et particulièrement des garçons, et qu'à tous ces garçons il faisait apprendre le métier de perruquier.

Quelqu'un lui demandait un jour le motif de ce choix.

— Il faut, répondit-il, autant qu'on le peut, choisir un état qui fasse vivre son homme, et en

France on ne manquera jamais de « têtes à perruques. »

—

Quand cet abbé fut élu à l'Académie française, il ne mit que quatre heures à composer son discours de remerciement. On lui représenta que ce travail devait être fait avec un grand soin.

— Ces sortes de discours, répondit-il, pour l'utilité dont ils sont à l'État, ne méritent pas plus de deux heures de travail ; j'en ai mis quatre, et cela est fort honnête.

MASSILLON

Massillon venait de prêcher avec le succès qui lui était ordinaire. Le Père La Boissière, autre orateur, l'en félicitait dans les termes les plus flatteurs :

— Eh! laissez, mon père, lui répondit l'orateur, le diable me l'a déjà dit plus éloquemment que vous.

—

Cet orateur écrivait d'abord ses sermons, puis les apprenait ; quelqu'un lui demandait un jour quel était, à son avis, le meilleur de ses sermons :

— Celui que je sais le mieux.

—

Prêchant un jour devant la cour, sa mémoire lui fit défaut. Louis XIV, avec un esprit d'à-propos qu'il possédait quelquefois, lui dit :

— Je vous remercie, mon père, de nous laisser le temps d'admirer les belles choses que vous nous dites.

LE SAGE

Une anecdote va nous montrer le succès qu'eut le *Diable boiteux* à son apparition.

Deux gentilshommes arrivent en même temps chez le libraire et demandent cet ouvrage :

— Messieurs, je n'en ai plus qu'un exemplaire.

— C'est pour moi.

— Non, c'est pour moi, car j'ai parlé avant vous.

— Oui, mais j'étais dans la boutique que vous étiez encore à la porte.

— Je tiens l'exemplaire et ne le lâcherai qu'en pièces.

— Messieurs, dit le libraire, je ne permettrai pas qu'on déchire un pareil livre.

— Eh bien, le *Diable boiteux* vaut bien un coup d'épée ; nous allons nous battre.

— C'est dit, répond l'adversaire, le livre appartiendra au vainqueur.

Et ils allèrent se battre sur le quai de la Tournelle.

Ceci ne nuisit pas au succès de l'ouvrage.

—

L'auteur de *Gil Blas* devait lire son *Turcaret* chez la duchesse de Bouillon.

Retenu au Palais par un procès, il se trouva en retard de près d'une heure.

Quand il arriva, la duchesse lui reprocha très-aigrement d'avoir fait perdre une heure à tout le monde.

— Madame, répondit froidement Le Sage, puisque je vous ai fait perdre une heure, il est bien juste que je vous en fasse regagner deux. Je n'aurai pas l'honneur de vous lire ma pièce.

Il sortit, sans vouloir céder ni aux instances, ni aux supplications.

Cette pièce de *Turcaret*, qui est restée au répertoire et est devenue un substantif commun, rencontra une vive opposition de la part des financiers et même des comédiens. Il ne fallut rien moins que l'ordre formel du dauphin pour qu'elle fût jouée (13 octobre 1708). On dit que des financiers offrirent 100,000 livres à Le Sage pour qu'il retirât sa pièce, ce que celui-ci refusa quoiqu'il fût loin d'être riche.

L'auteur de *Gil Blas* ne pouvait entendre qu'à l'aide d'un cornet.

— Voilà mon bienfaiteur, disait-il à un ami en tirant cet instrument de sa poche; je vais dans une maison, j'y trouve des visages nouveaux, j'espère qu'il s'y rencontre quelques gens d'esprit, je fais usage de mon cher cornet; je vois que ce ne sont que des sots, aussitôt je le resserre en me disant : Je te défie de m'ennuyer.

TERRASSON

L'abbé Terrasson était de l'Académie française et de l'Académie des sciences. Il a écrit, entre autres ouvrages, *Sethos*, roman ennuyeux, mais où l'on trouve des passages vraiment remarquables.

Son esprit était plein d'élévation et de simplicité, ce qui faisait dire à Mme de Lassay, en parlant de cet abbé, « qu'il n'y avait qu'un homme de beaucoup d'esprit qui pût être d'une pareille imbécillité. »

Il disait un jour à propos d'une harangue qu'il devait prononcer :

— Elle est bonne, je dis très-bonne; tout le monde ne la jugera pas ainsi, mais je m'en inquiète peu.

Et on lui pardonnait, parce que l'on savait que c'était l'ingénuité et non l'orgueil qui le faisait ainsi parler.

Il était riche, aussi disait-il quelquefois :

— Je réponds de moi... jusqu'à un million.

Quand des revers de fortune lui firent perdre son opulence et le réduisirent au strict nécessaire, il se consolait en disant :

— Me voilà tiré d'affaire ; je revivrai de peu, cela m'est plus commode.

—

Il conserva le même caractère jusqu'au dernier moment de sa vie. A quatre-vingts ans, il disait un jour à Falconet, son ami :

— Je calculais ce matin que j'ai perdu les quatre cinquièmes de ce que je pouvais avoir de lumières acquises. Si cela continue, il ne me restera pas seulement la réponse que fit, au moment de mourir, ce bon M. de Lagny à notre confrère Maupertuis.

Cette réponse de M. de Lagny mérite d'être rapportée : il ne s'était occupé toute sa vie que de calcul ; étant à ses derniers moments, sa famille n'en pouvait tirer une parole, lorsque survint Maupertuis. Etant mis au courant de ce qui se passait, le géomètre dit qu'il va faire parler le moribond.

— Monsieur de Lagny, lui cria-t-il, le carré de douze ?

— Cent quarante-quatre, répond le mourant.

Et il expira.

Revenons à l'abbé Terrasson.

Il était aussi distrait, — sinon plus, — que La Fontaine, et de la même naïveté.

Il lui arrivait des mésaventures, mais il s'en consolait avec une bonhomie charmante.

Étant un jour sorti à moitié habillé, son accoutrement attroupa et fit rire la foule. Ayant découvert à la fin de quoi il était question, il rentra chez lui.

— Je viens de donner, dit-il à sa gouvernante, à la populace du quartier, un petit amusement qui ne lui a rien coûté... ni à moi non plus.

—

Son confesseur vint le voir à son lit de mort. En le voyant entrer, Terrasson lui dit avec sa naïveté ordinaire :

— Monsieur, voici ma gouvernante, Mme Lucquet, qui vit avec moi depuis vingt ans. Je ne saurais parler; j'ai perdu la mémoire; je suis exténué. Mais confessez Mme Lucquet, elle répondra pour son maître : c'est absolument la même chose.

Le confesseur, voyant que le malade parlait avec une grande légèreté de la confession, voulut qu'il fît cet acte lui-même.

L'abbé Terrasson se résigna.

— Voyons, commença le confesseur, avez-vous été luxurieux?

— Madame Lucquet, cria le malade, ai-je été luxurieux ?

— Un peu, monsieur l'abbé, répondit la dame.

Le confesseur n'en voulut pas entendre davantage ; il se retira indigné, et l'abbé Terrasson mourut comme il avait vécu, — dans une impénitence finale.

J.-B. ROUSSEAU

On a dit que J.-B. Rousseau, fils d'un cordonnier qui avait fait des sacrifices au-dessus de sa position pour le doter d'une brillante éducation, avait renié son père après la représentation d'une de ses pièces qui avait obtenu un brillant succès. Le fait a été démenti.

—Ne savez-vous pas, disait Voltaire à M. de ***, qui venait de parler avec enthousiasme de J.-B. Rousseau, que son père était cordonnier ?

— Non, reprit le gentilhomme, je le croyais fils de Pindare ou d'Horace.

LAMOTTE-HOUDAR

Cet auteur de beaucoup d'opéras qui eurent un grand succès, était doué d'une mémoire quinte-

naît du prodige, comme le prouve cette anecdote :

Un jeune homme lui lisait un jour une tragédie qu'il avait composée. Après l'avoir écoutée très-attentivement, Lamotte dit à l'auteur :

— Votre pièce est belle, et j'ose vous répondre d'avance du succès. Une seule chose me fait peine : c'est que vous donnez dans le plagiat, et la preuve, c'est que je puis vous citer la deuxième scène du quatrième acte.

Le jeune poëte cherchait à se justifier de son mieux d'une pareille accusation.

— Je n'avance rien, ajouta Lamotte, que je ne sois prêt à prouver ; je vais vous réciter cette même scène que je me suis fait un plaisir d'apprendre jadis par cœur.

Et, en effet, il la récita tout entière, sans hésitation, et avec la même verve que s'il en eût été l'auteur.

Toutes les personnes présentes à la lecture de la pièce se regardaient, ne sachant ce qu'elles devaient penser de ce curieux incident. L'auteur était tout à fait déconcerté.

Après avoir quelque peu joui de son embarras, Lamotte lui dit :

— Remettez-vous, monsieur, la scène en question est bien de vous, ainsi que tout le reste, mais elle m'a paru si belle et si touchante, que je n'ai pu m'empêcher de la retenir.

Lamotte a publié cent fables, parmi lesquelles il y en a de fort ingénieuses et quelques-unes fort bien faites. Le public ne les goûta pas comme elles le méritaient.

Voltaire compte un fait assez plaisant qui se passa dans un souper au Temple, chez le duc de Vendôme, à propos de ces fables.

Elles venaient de paraître, et tout le monde affectait d'en dire du mal.

Là se trouvaient l'abbé de Chaulieu, l'évêque de Luçon, fils du fameux Bussy-Rabutin, un ancien ami de Chapelle, plein d'esprit et de goût, l'abbé Courtin et nombre d'autres bons juges qui s'égayaient aux dépens de Lamotte, qu'ils n'aimaient pas.

M. de Vendôme et le chevalier de Bouillon enchérissaient sur eux tous; le pauvre fabuliste était accablé.

— Messieurs, vous avez tous raison, leur dit Voltaire; vous jugez en connaissance de cause. Quelle différence du style de Lamotte à celui de La Fontaine ! Avez-vous lu la dernière édition des *Fables* de La Fontaine ?

— Non, dirent-ils.

— Quoi ! vous ne connaissez pas cette belle fable qu'on a trouvée dans les papiers de Mme la duchesse de Bouillon ?

Je leur récitai la fable; ils la trouvèrent charmante.

— Voilà du La Fontaine! disaient-ils ; c'est la nature ; quelle naïveté ! quelle grâce !

— Messieurs, leur dis-je, la fable est de Lamotte !

Alors ils me la firent répéter et la trouvèrent détestable.

———

Lamotte-Houdar, aussi connu par sa douceur et son honnêteté que par ses talents et son esprit agréable, était devenu aveugle à l'âge de quarante ans.

Un jour, se trouvant poussé dans une foule, il marcha sur le pied d'un jeune homme, qui lui donna un soufflet.

— Monsieur, lui dit Lamotte, vous allez avoir bien du regret de m'avoir frappé ; je suis aveugle.

Le jeune homme, désolé de sa brutalité, ne savait comment s'excuser.

———

CRÉBILLON (Prosper)

Comment il se maria

C'est Favart qui nous raconte le fait, et, d'une façon on ne peut plus naïve :

« Il adorait le sexe et ne l'estimait point. Il n'a jamais « respecté » que deux sœurs, filles d'un apothicaire nommé Péage ; il leur fit à chacune un enfant « par délicatesse de sentiments. »

« Le père, qui ne connaissait pas ce raffinement-là, prétendit que l'honneur de sa famille était blessé, et qu'il fallait que M. de Crébillon épousât « tout au moins une des deux, » en lui laissant la liberté du choix.

« Le hasard en décida, et notre auteur se maria à la mère de M. Crébillon fils. L'autre devint ce qu'elle put. »

*
* *

Adroit courtisan

Crébillon ayant été chargé de haranguer Louis XV au nom de l'Académie, après la campagne de Flandres, s'acquitta de sa tâche avec une noblesse et une assurance qui parurent en imposer à la majesté royale.

Lorsqu'il eut fini son discours, le roi lui dit avec bonté :

— Crébillon, ce qui m'a fait le plus de plaisir, c'est la dignité avec laquelle vous m'avez adressé la parole ; vous n'avez pas tremblé...

— Sire, lui répondit Crébillon, vous ne devez faire trembler que vos ennemis.

*
* *

Un auteur comme on en voit peu

Le jour de la première représentation de *Catilina,* cette tragédie qui se fit attendre vingt-cinq ans, Crébillon était assiégé par les quémandeurs de billets. Une personne qui lui tenait de très-près par les liens du sang, lui en demanda pour quelques amis.

L'auteur lui dit :

— Morbleu ! monsieur, vous savez bien que je ne veux pas qu'il y ait dans le parterre une seule personne qui se croie obligée de m'applaudir.

— Eh ! mon Dieu, lui réplique le demandeur, ne craignez rien ; ceux pour qui je vous demande des billets ne vous feront aucune grâce si votre pièce ne leur plaît pas.

— Puisqu'il en est ainsi, dit Crébillon, je vous les donne.

***

Une épigramme involontaire

Ce même *Catilina* donna lieu à une singulière boutade de Collé, qui n'y avait cependant pas mis de malice.

Se trouvant à dîner avec MM. de Crébillon père et fils, ce dernier, suivant son habitude, s'amusait à persifler son père. Le badinage ayant été poussé un peu trop loin, Collé ne put se contenir et lança cette objurgation à l'auteur du *Sopha* :

— En vérité, monsieur, c'est un chose honteuse, scandaleuse et ridicule, qu'un petit griffonneur de prose comme vous, un rhabilleur de vieux contes de fées, ose comparer ses frivoles rapsodies aux productions immortelles d'un des premiers hommes de son siècle, qui a fait véritablement un mauvais ouvrage en votre personne; mais qui a fait *Atrée* et *Thyeste*, qui a fait *Electre*, qui a fait *Rhadamiste et Zénobie*, qui a fait *Catilina*, qui l'a fait, qui le fait, et qui le fera toujours.

La chute était assez drôle.

―

On demandait un jour à Crébillon, dont on attribuait les tragédies à un Chartreux, quel était, selon lui, son meilleur ouvrage :

— Je ne sais quel est le meilleur, répondit-il, mais je suis sûr — et il montrait son fils — que voilà le plus mauvais.

Et Crébillon fils de riposter :

— C'est que le Chartreux n'y a pas travaillé.

―

Ce fameux tragique ayant fait une maladie très-inquiétante, son médecin le pria de lui donner les deux premiers actes de *Catilina*, qui étaient seuls achevés.

Crébillon lui répondit par ce vers de *Rhadamiste* :

Ah! doit-on hériter de ceux qu'on assassine?

―

Un jeune homme, auquel il prenait intérêt, lui ayant lu une satire sur quelques écrivains de l'époque, il lui dit :

— Jugez à quel point la satire est facile et méprisable, puisque vous y réussissez, même à votre âge.

Lorsqu'il dit ce vers dans son discours de réception à l'Académie :

> Aucun fiel n'a jamais empoisonné ma plume,

le public et les académiciens applaudirent unanimement; tous savaient que c'était la vérité.

La marquise de Pompadour apprenant que Crébillon, âgé de quatre-vingts ans, était dans un état peu fortuné, lui fit obtenir une pension de cent louis sur la cassette du roi.

Crébillon s'empressa d'aller remercier sa bienfaitrice qui, étant indisposée, le reçut dans son lit. La vue de ce beau vieillard l'attendrit; elle le reçut avec une grâce touchante. Il en fut ému, et comme il se penchait sur son lit pour lui baiser la main, le roi entra.

— Ah ! madame, s'écria Crébillon, le roi nous a surpris ; je suis perdu !

Cette saillie d'un octogénaire plut beaucoup à Louis XV. Le succès de *Catilina*, — cette pièce que l'on attendait depuis un quart de siècle, — était décidé.

CRÉBILLON (Claude)

(Nous intervertissons l'ordre chronologique pour ne pas séparer le fils du père.)

Dans une réunion où se trouvait la duchesse de Chaulnes, Crébillon fils venait de parler de son père d'une façon peu respectueuse; cette dame, irritée, lui dit :

— Va, mon cher Crébillon, ton père sera toujours un grand homme, et, toi, tu ne seras jamais qu'un grand garçon !

Crébillon, long comme un mât de cocagne, avec son air guindé et son maintien d'écolier, aurait bien voulu être ailleurs.

Cette anecdote est de Crawford ; nous aimons mieux celle-ci ; elle est de Mercier.

———

Des railleurs imaginèrent de faire accroire à Crébillon fils qu'il avait perdu cet esprit facile, léger, délicat, honnêtement caustique qui le rendait si aimable dans les sociétés.

Voyant, dans un souper, tous ses amis hausser les épaules à chaque mot qu'il disait, Crébillon s'imagina n'avoir proféré que des sottises lorsqu'il avait été plus brillant que jamais.

Tombant dans un fauteuil, il s'écria douloureusement :

— Oh ! mes amis, il est donc vrai que je n'ai

plus d'esprit ! Hélas ! je m'en étais aperçu. Mais pourquoi m'avez-vous laissé parler ? Souffrez-moi tel que je suis, car il m'est impossible de me séparer de vous, quoique je ne sois plus digne d'assister à vos entretiens.

Quelle âme candide et sans orgueil ! Ses amis l'embrassèrent en lui certifiant qu'il était toujours aussi spirituel que bon.

———

L'auteur de la *Bibliothèque des Amants* eut pour censeur l'auteur du *Sopha*, un roman plus que léger.

Crébillon voulait que l'on retranchât le mot *boudoir* partout où il se trouvait dans le manuscrit des odes érotiques.

L'auteur, Sylvain Maréchal, crut devoir en appeler à la loi du talion ; il dit à son censeur :

— Où placerai-je, monsieur, votre *Sopha*, si vous m'ôtez mon *boudoir?*

———

Après avoir lu ses écrits, où les femmes sont peintes sous les couleurs de la plus grande légèreté, une Anglaise, noble et riche, lady Strafford, se passionna pour lui et ne trompa jamais sa confiance... bien qu'elle eût lu tous ses ouvrages.

Les deux Crébillon

Mercier nous a donné de ce père et de ce fils deux dessins à la plume qui sont assez curieux pour tenir la place d'une anecdote ; il faut toutefois les résumer, la prolixité de l'auteur du *Tableau de Paris* étant proverbiale.

« Crébillon demeurait rue des Douze-Portes, au Marais. Je frappai. Aussitôt les aboiements de quinze à vingt chiens se firent entendre ; ils m'environnèrent gueule béante et m'accompagnèrent jusqu'à la chambre du poëte...

« Je vis une chambre dont les murailles étaient nues : un grabat, deux tabourets, sept ou huit fauteuils déchirés et délabrés composaient tout l'ameublement...

« Le vieillard, les jambes et la tête nues, la poitrine découverte, fumait une pipe. Il avait deux grands yeux bleus, des cheveux blancs et rares, une figure pleine d'expression...

« Il ôta sa pipe de sa bouche comme pour me saluer, la remit et continua de fumer avec une délectation qui se peignait sur sa physionomie fortement caractérisée... »

Mercier lui demande de lui réciter quelques vers de son *Cromwell* ; le poëte lui répond que cette pièce n'est pas encore commencée, mais qu'il va lui en dire quelques passages, après avoir fumé une seconde pipe.

On sait que cet auteur n'écrivait ses pièces que quand elles étaient entièrement achevées dans son esprit.

Crébillon avait alors quatre vingt-six ans.

Voici le portrait du fils :

« A deux ou trois années de là, je fis la connaissance de Crébillon fils. Il était taillé comme un peuplier : haut, long, mince ; il contrastait avec la taille forte et le poitrail de Crébillon le tragédiste. Jamais la nature ne fit deux êtres plus voisins et plus dissemblables. Crébillon fils était la politesse, l'aménité et la grâce fondues ensemble. Une légère teinte de causticité perçait dans ses discours, mais elle ne frappait que les pédants littéraires...

« Il avait vu le monde ; il avait connu les femmes autant qu'il est possible de les connaître ; il les aimait un peu plus qu'il ne les estimait...

« Sa conversation était piquante ; il regrettait le temps de la Régence comme l'époque des bonnes mœurs en comparaison des mœurs régnantes...

« Un jour, il me dit en confidence qu'il n'avait pas encore achevé la lecture des tragédies de son père, mais que cela viendrait.

« Il regardait la tragédie française comme la farce la plus complète qu'ait pu inventer l'esprit humain.

« Crébillon fils était censeur royal et censeur

de la police. Il approuvait tous les ponts-neufs et tous les vers imprimés sur les feuilles volantes... Il approuvait tout cela avec un sang-froid et une politesse charmante. Jamais Crébillon fils ne fit attendre un auteur, fût-il chansonnier du Pont-Neuf. Il était toujours prévenant, affable et facile. »

Et Mercier termine par ce jugement :

« Les ouvrages de Crébillon fils sont une anatomie fine et déliée du cœur humain et du sentiment, surtout de celui qui dirige les femmes, dont le premier attribut est de ne connaître rien à leur propre cœur, tandis qu'elles pénètrent assez bien le cœur ou du moins le caractère des hommes. Il les a bien connues ; c'est un peintre, sa touche, pour être délicate, n'en est pas moins exacte et profonde. »

LENGLET-DUFRESNOY

Liberté ! liberté ! était la devise de Lenglet-Dufresnoy ; mais ce n'est pas toujours ceux qui réclament la liberté qui la possèdent ; personne ne fit plus que Lenglet de voyages à la Bastille. Il en avait pris gaiement son parti. Quand il voyait paraître l'exempt qui devait l'y conduire, il ne lui donnait pas le temps d'expliquer le sujet de sa mission, et criait à sa gouvernante :

— Allons, vite mon petit paquet! du linge et du tabac.

Et il suivait gaiement l'exempt, qui le conduisait gravement à la Bastille.

DUMARSAIS

Un riche avare disait en parlant de l'illustre auteur du *Traité des Tropes*, — qui mourut dans la plus profonde misère à quatre-vingts ans :

— M. Dumarsais est un fort honnête homme. Je suis son ami depuis quarante ans ; je suis riche, il est pauvre, et jamais il ne m'a rien demandé.

Dumarsais donnait des leçons de langue française à un jeune seigneur.

L'élève, ne comprenant pas toutes les subtilités métaphysiques du maître, s'impatiente et dit avec une espèce de courroux :

— Fichtre! je n'en viendrai jamais à bout.

Dumarsais lui répond du ton le plus flegmatique :

— Monsieur, ce mot n'est pas français; on dit f....., mais il n'y a que la canaille qui se sert de ce mot.

Sur son lit de mort, Dumarsais disait à un ami :

— Je m'en *vais* ou je m'en *vas*, l'un et l'autre se *dit* ou se *disent*.

Mme DE TENCIN

On louait devant l'abbé Trublet les manières douces et le ton charmant de Mme de Tencin.

— Oui, dit l'abbé, si elle avait intérêt à vous empoisonner, elle choisirait le poison le plus doux.

Elle avait un coup d'œil qui perçait l'horizon : en 1743, elle écrivait :

« A moins que Dieu n'y mette visiblement la main, il est physiquement impossible que l'Etat ne culbute. »

ROY

Lorsqu'on remit au théâtre l'opéra des *Eléments,* qui avait eu un grand succès lors de leur première apparition, Roy, l'auteur de cette pièce, était alors âgé et avait eu une attaque d'apoplexie ; des pensées sérieuses l'occupaient ; il était devenu véritablement dévot.

Un sieur Lany, chargé de la mise en scène des ballets, se trouvait assez embarrassé, n'ayant jamais vu représenter cette pièce. Il prit le parti d'aller demander des conseils à l'auteur.

Laissons parler l'abbé de Laporte, la scène y gagnera.

Lany, après avoir excessivement loué l'auteur, comme cela se pratique, voulut entrer dans les détails des divertissements en commençant par le prologue.

M. Roy l'interrompit lamentablement en lui disant :

— Ah ! monsieur, ne vous attendez pas que je vous donne sur cet ouvrage immortel, — dont je me repens, — aucun des éclaircissements que vous me demandez. Voulez-vous que dans l'état où je suis je songe aux *Eléments?* Non, monsieur, faites comme vous l'entendrez et n'espérez pas que je m'en mêle jamais.

— C'est que, reprit doucement Lany, l'on veut que je fasse danser les Génies aériens dans le prologue ; je voudrais les réserver pour l'acte d'Ixion, dans le divertissement où Junon paraît..

— Ah! monsieur Lany, reprit vivement Roy, gardez-vous-en bien ! Je veux que les Quatre Eléments figurent dans le prologue. Ils sont l'essence du sujet. Mon prologue est le Chaos. Composez votre ballet de l'acte d'Ixion, d'Isis et de la suite de cette déesse. C'est mon intention ; au moins n'y manquez pas. Mais de quoi me parlez-vous là, mon cher ami ! Je vous dis que vous ne tirerez rien de moi sur tout cela. N'en parlons plus.

Le maître de ballet poursuivit cependant, et le conduisant d'acte en acte, et de divertissement en divertissement, lui fit dire tous les détails, quoique Roy répétât toujours qu'il ne lui dirait rien.

Il est vrai que le poëte mêlait toujours aux instructions qu'il lui donnait des soupirs et des regrets d'avoir composé un poëme « qui devrait être joué éternellement ».

— Tranchons là-dessus, dit-il en finissant, je veux être muet sur tout cela. Je ne veux plus penser qu'à Dieu, qui est mort sur la croix que vous voyez là.

Et il montrait la croix qui ornait sa décoration de Saint-Michel.

Ce poëte, qui avait remporté neuf prix à l'Académie des Jeux floraux et trois prix à l'Académie française, se vit préférer le comte de Clermont quand il se présenta comme candidat pour entrer dans cette dernière société ; de là cette épigramme contre son rival titré :

Trente-neuf joints à zéro,
Si j'entends bien mon numéro,

> N'ont jamais pu faire quarante ;
> D'où je conclus, troupe savante,
> Qu'ayant à vos côtés admis
> Clermont, cette masse pesante,
> Ce digne cousin de Louis,
> La place est encore vacante.

———

Palissot dit que M. de Clermont fit administrer à Roy une volée de coups de bâton par son nègre ; il en mourut ; il avait alors quatre-vingt-un ans. Ce grand seigneur académicien s'était vengé d'un trait malicieux comme une brute.

Roy était très-timide dans le monde, ce qui faisait dire à Fontenelle :

— C'est l'homme d'esprit le plus bête que j'aie connu.

———

> Glissez, mortels, n'appuyez pas.

Ce vers est souvent attribué à Voltaire ; il rentre, en effet, dans la manière de ce maître pour la poésie légère ; mais rendons à un poëte moins connu ce qui lui appartient, et donnons la source de ce vers :

Larmessin avait fait une gravure représentant des patineurs ; Roy fit ce charmant quatrain pour mettre au bas de la gravure :

> Sur un mince cristal l'hiver conduit leurs pas,
> Le précipice est sous la glace.
> Telle est de vos plaisirs la légère surface ;
> Glissez, mortels, n'appuyez pas.

MONCRIF

L'auteur de l'*Histoire des Chats* disait un jour au comte d'Argenson :

— Monseigneur, il vous serait facile de me faire donner le titre d'historiographe de France.

— *Historiographe*, dit le comte, c'est impossible ; mais *historiogriphe*, si vous voulez.

—

Moncrif mourut à quatre-vingt-deux ans, en vrai philosophe. A ses derniers moments, il s'entretenait de ce terrible passage avec le calme d'un stoïcien, — et aussi en disciple d'Epicure. « Accoutumé à voir des filles et des actrices, il égayait encore ses regards du spectacle de leurs charmes. Comme il ne pouvait plus aller à l'Opéra, — dont il avait été l'un des plus assidus habitués, — il fit venir chez lui de la musique, on y donna des concerts, des ballets ; il mourut en Anacréon… comme il avait vécu. » dit Bachaumont.

RACINE

Andromaque fut critiquée par quelques grands seigneurs à la première représentation ; MM.

d'Olonne et le maréchal de Créqui étaient du nombre ; Racine le sut, et fit à cette occasion l'épigramme qui suit ; pour la bien comprendre, il faut savoir que M. de Créqui avait la réputation de ne pas aimer les femmes, et que Mme d'Olonne passait pour aimer très-peu son mari. Racine s'adresse ces reproches :

> La vraisemblance est choquée en ta pièce,
> Si l'on en croit et d'Olonne et Créqui :
> Créqui dit que Pyrrhus aime trop sa maîtresse,
> D'Olonne qu'Andromaque aime trop son mari.

C'est aux répétitions de cette pièce que Racine commença à donner des leçons à la Champmeslé qui était très-faible dans les deux premiers actes, mais révélait toute sa flamme dans les trois derniers, ce qui faisait dire à Louis XIV :

— Il aurait fallu que la Désœillets jouât dans cette pièce les deux premiers actes, et la Champmeslé les trois autres.

Racine disait à Baron, qui jouait Pyrrhus, quand on répétait *Andromaque* :

— Pour vous, je n'ai pas d'instruction à vous donner, votre cœur vous en dira plus que mes leçons n'en pourraient faire entendre.

Les critiques qu'*Andromaque* attirèrent à Racine ne furent pas perdues ; elles l'engagèrent à se perfectionner, ce que constate Boileau dans sa septième épître adressée à son illustre ami :

> Et peut-être ta plume aux censeurs de Pyrrhus
> Doit les plus nobles traits dont tu peignis Brutus.

—

Ce fut sur les instances d'Henriette d'Angleterre que Racine fit *Bérénice*.

Quand Boileau apprit que le poëte avait accédé à cette prière, il s'écria :

— Si je m'étais trouvé là, je l'aurais bien empêché !

—

Pendant que tous les amis de Racine le félicitaient de l'art avec lequel il avait traité un sujet aussi simple que celui de *Bérénice*, l'auteur demanda à Chapelle, qui seul gardait le silence, ce qu'il pensait de sa pièce, celui-ci répondit malicieusement :

— Marion pleure, Marion crie, Marion veut qu'on la marie.

—

On demandait un jour au grand Condé ce qu'il pensait de cette tragédie ; il répondit avec beaucoup d'à-propos par ces deux vers où Titus dit de Bérénice :

> Depuis deux ans entiers, chaque jour je la vois,
> Et crois toujours la voir pour la première fois.

—

On sait qu'*Athalie* fut accueillie d'abord assez froidement, ce qui fit dire à Boileau, parlant à Racine, qui commençait à croire que le public avait raison :

— On y reviendra; je m'y connais, *Athalie* est votre chef-d'œuvre.

Pour donner une idée de l'opinion publique, citons une épigramme du temps, attribuée à Fontenelle, ce que nous ne croyons pas, car il y a une qualification indigne d'un homme d'esprit :

> Gentilhomme extraordinaire
> Et suppôt de Lucifer,
> Pour avoir fait pis qu'*Esther*,
> Comment diable as-tu pu faire?

Voici une anecdote qui expliquerait d'une façon très-curieuse le revirement qui se fit dans l'opinion publique; nous l'empruntons au *Grand Dictionnaire du XIX° siècle* :

Des personnes réunies dans un château se livraient à des jeux innocents.

Un jeune homme, se trouvant en faute, dut subir une punition. On délibéra sur le châtiment à lui infliger, et on n'en trouva pas de plus dur que de le condamner à lire le premier acte d'*Athalie*.

Le coupable eut beau se récrier contre un arrêt si cruel, on fut inexorable, il fallut s'exécuter.

Il se retira à l'écart, prit en tremblant la fatale

tragédie, commença la lecture, et fut bientôt sous un tel charme qu'il ne quitta le volume qu'après avoir lu les cinq actes tout entiers.

Ayant fait connaître à la société l'impression qu'il venait d'éprouver, on l'engagea pour le lendemain à en faire une lecture à haute voix, afin de pouvoir contrôler son jugement.

Le jeune homme lisait très-bien ; il sut communiquer à tous l'enthousiasme qu'il éprouvait lui-même, et, dans ce petit comité, *Athalie* fut, pour la première fois, proclamée une œuvre admirable.

Le fait fut raconté, il parut d'abord incroyable ; cependant on voulut juger par soi-même : de là vint, dit-on, le revirement qui changea en admiration générale l'indifférence glaciale du public.

PIRON

Un jeune homme vint un jour lire à Piron une tragédie où abondaient des vers pris à droite et à gauche.

A chaque endroit pillé Piron ôtait son bonnet, et il avait fort à faire.

L'auteur de la pièce, surpris de ce geste répété, lui en demanda la raison.

— C'est que j'ai l'habitude de saluer mes connaissances.

Un jeune poëte se présente à Piron pour savoir, de deux sonnets qu'il venait de faire, celui auquel l'auteur de la *Métromanie* donnait la préférence.

Il en lit un.

Sans vouloir en entendre davantage, Piron lui dit :

— J'aime mieux l'autre.

—

Lorsque Crébillon mourut, Piron écrivit à Mme la marquise de la Ferté-Imbault, fille de Mme Geoffrin :

« Voilà l'apothéose de Crébillon, qui a plus fumé de pipes en sa vie que Voltaire n'a pris de lavements et que Piron n'a bu de bouteilles. Dieu veuille que sa haute réputation, ainsi que sa belle passion, ne s'en aille pas en fumée. »

—

Un matin que Piron rendait visite à la marquise de Mimeure, il rencontra Voltaire établi devant la cheminée, et jouissant à lui tout seul des délices d'un bon feu.

Piron s'approche et salue, Voltaire ne bouge pas ; l'un prend sa montre, l'autre sa tabatière ; celui-ci tire de sa poche une croûte de pain, celui-là en tire une bouteille.

— Monsieur, dit Voltaire, quelle plaisanterie est-ce là ?

— Ce n'est pas une plaisanterie, dit Piron, puisque je viens de vider la bouteille.

— Je mange, monsieur, parce que je suis malade.

— Et moi, monsieur, je bois parce que j'ai soif.

—

Grimm raconte :

« Piron, l'autre jour, assurait qu'un discours de réception à l'Académie française ne devait pas s'étendre au delà de trois mots :

« — Je prétends que le récipiendaire doit dire : « Messieurs, grand merci, » et le directeur lui répondre : « Il n'y a pas de quoi. » Si cet usage s'était introduit, nous aurions, depuis la fondation de l'Académie, quelques centaines de discours ennuyeux de moins. »

—

Piron sortant d'assister à une de ses pièces qui n'avait pas eu de succès fit un faux pas. Un de ses amis s'était empressé de lui prêter son aide :

— C'est ma pièce, dit-il, qu'il fallait soutenir et non pas moi.

—

L'abbé Leblanc demeurait juste à côté d'un maréchal ferrant. Quelqu'un voulant connaître le nom de la rue où demeurait cet abbé, le demanda à Piron :

— C'est dans la rue X***, juste à côté de son cordonnier.

C'est encore à Grimm que nous devons cette anecdote :

« Piron s'est fait dévot depuis plusieurs années, mais cela n'a pas valu une épigramme de moins à son prochain.

« Étant allé un jour voir M. l'archevêque de Paris en qualité de prosélyte, le prélat lui dit :

« — Monsieur Piron, avez-vous lu mon dernier mandement?

« Piron répond :

« — Et vous, monseigneur? »

On sait que l'auteur de la *Métromanie* n'était pas avare de coups de boutoir, et qu'il savait frapper d'estoc et de taille; le curé de Saint-Sulpice en eut un jour la preuve.

M. Languet, — c'était son nom, — rencontra un jour Piron chez Mme de Tencin.

Cette dame le présenta comme un compatriote qui faisait honneur à la Bourgogne, et le nomma.

— Quoi! c'est vous, monsieur Piron, dit le curé; je suis ravi de vous voir. N'êtes-vous pas le fils de M. Piron, apothicaire de Dijon, que j'ai beaucoup connu? Il avait les bras si longs!

— Ah! monsieur le curé, repartit Piron, que

vos mains n'étaient-elles au bout, mon sort serait bien différent.

La réponse était sanglante, car le curé Languet passait pour détourner à son profit le produit des quêtes et du tronc des pauvres.

—

Un armateur de Nantes ayant écrit à Voltaire qu'il avait baptisé un de ses vaisseaux du nom de ce grand poëte, il répondit à cette communication par une épître pleine de fraîcheur, de poésie et de philosophie.

Piron, toujours prêt au sarcasme contre son vieil ennemi, ajoute à l'épître le mot de la fin, comme on dit aujourd'hui :

Si j'avais un vaisseau qui se nommât *Voltaire,*
Sous cet auspice heureux, j'en ferais un corsaire.

—

Piron disait, après avoir lu la *Poétique française* de Marmontel :

— Ce Marmontel est comme le législateur des Juifs, qui montre à tout le monde la Terre promise où il n'entrera jamais.

—

Piron, qui mourut fort religieusement, a bien eu quelque autre chose à se reprocher que sa fameuse *Ode*. L'anecdote qui suit n'annonce pas beaucoup de sentiments religieux dans son enfance :

Portant un crucifix dans une procession, et la pluie survenant, les assistants déguerpirent.

Piron, se sauvant comme les autres, jette, pour mieux fuir, le crucifix dans le ruisseau, en disant :

— Puisque tu as fait la sauce, bois-la.

« Ils sont là quarante qui ont de l'esprit comme quatre. »

Boutade de Piron adressée à l'Académie.

En voici une autre, plus piquante encore, adressée à cette célèbre institution ; c'était l'épitaphe qu'il voulait qu'on mît sur son tombeau :

> Ci gît qui ne fut rien,
> Pas même académicien.

L'Académie n'était cependant pas coupable de ne l'avoir point admis dans son sein, car il avait obtenu les suffrages de cette assemblée ; mais le « pudique » Louis XV refusa son agrément à cette élection. Il est vrai qu'il l'en dédommagea par une pension de 1,000 livres.

Mme Geoffrin envoya pendant longtemps, comme étrennes, à Piron son sucre et son café pour toute l'année. Elle joignait toujours à cet envoi une culotte qu'elle appelait « la feuille de vigne de l'*Ode à Priape.* »

—

On demandait un jour à Piron :

— Quelle différence y a-t-il entre une glace et une femme ?

Et Piron de répondre :

— C'est qu'une femme parle sans réfléchir et qu'une glace réfléchit sans parler.

Mais une dame, qui n'était pas contente de cette définition, lui dit :

— Sauriez-vous me dire, monsieur, quelle différence il y a entre un homme et une glace ?

Piron ne répondant pas, la dame ajouta :

— Eh bien, c'est qu'une glace est polie et qu'un homme ne l'est pas toujours.

—

Sur ses vieux jours, Piron était devenu aveugle.

Une de ses nièces, qui lui servait d'Antigone, le promenait un jour aux Tuileries. A peine avaient-ils fait quelques pas que chacun se mit à les regarder en riant et chuchotant.

La pauvre demoiselle était bien confuse et ne savait ce que cela signifiait ; mais ayant jeté les yeux sur la toilette de son oncle, elle sut bientôt d'où venaient ces sourires moqueurs.

— Mon oncle, lui dit-elle, tout le monde nous regarde... cachez votre... histoire.

— Ah! mon enfant, reprit Piron en se boutonnant, il y a longtemps que cette histoire-là n'est qu'une fable.

PANARD

Quand Marmontel manquait « de copie » pour son *Mercure*, il allait trouver son ami Panard, ce fils d'Apollon, qui ne dédaignait pas Bacchus, comme on disait alors.

— Fouillez dans la boîte à perruque, disait-il à Marmontel.

Et, en effet, la boîte à perruque contenait, griffonnés sur des bouts de papier, des vers sur toute sorte de sujets; mais, comme tous ces manuscrits étaient tachés de vin, Marmontel lui faisait des reproches.

— Prenez, prenez toujours, répondait Panard, c'est le cachet du génie.

VOLTAIRE

Lorsqu'il était encore très-jeune, son père lui

proposait une charge de conseiller au Parlement, qu'il lui voulait acheter.

— Mon père, lui dit Voltaire, je ne veux pas d'une considération qui s'achète; je saurai m'en faire une qui ne vous coûtera rien.

Voltaire avait un frère aîné aussi ardent pour les disputes théologiques que le cadet l'était pour celles du Parnasse.

Leur père disait, pour résumer son opinion sur ses deux enfants :

— J'ai pour fils deux fous, l'un en prose et l'autre en vers.

Quand Voltaire sortit de la Bastille, le marquis de Nocé, — avec qui il avait « soupé » plusieurs fois, — l'amena au Palais-Royal pour le présenter à Philippe d'Orléans, régent de France.

En attendant son tour d'être introduit, un orage des plus bruyants vint à éclater; Voltaire s'écrie devant une foule de personnages :

— Quand ce serait un régent qui gouvernerait là-haut, les choses n'iraient pas plus mal.

M. de Nocé présenta Voltaire au Régent, en lui disant :

— Monseigneur, voici le jeune Arouet, que vous venez de tirer de la Bastille et que vous allez y renvoyer.

Et il lui raconta ce que venait de dire le jeune poëte ; le Régent se mit à rire aux éclats et lui offrit une pension.

— Je remercie Votre Altesse, lui répondit Voltaire, de ce qu'elle veut bien se charger de ma nourriture, mais je la supplie de ne plus s'occuper de mon logement.

Par qui la *Henriade* fut sauvée du feu

Voici comment le président Hénault raconte ce fait dans ses *Mémoires :*

« Voltaire, qui commençait à paraître, lisait un jour quelques morceaux de sa *Henriade* chez La Faye, où je dînais. Les morceaux avaient été écrits de la main de Voltaire dans le temps qu'il était à la Bastille, et comme il n'avait point de papier, il les avait écrits entre les lignes de je ne sais quel livre imprimé. Il s'éleva une dispute sur ce poëme. Il y eut de l'aigreur que Voltaire supporta assez patiemment. Mais La Faye, qui était fort gai, fit une mauvaise plaisanterie qui déconcerta Voltaire, et de dépit il jeta le livre au feu ; je courus après et je le tirai du milieu des flammes. »

Comment Voltaire fit sa fortune

Notre grand écrivain avait hérité de son père

4,250 livres de rentes. Les réductions successives d'intérêt (banqueroutes partielles à l'usage de la monarchie), les emprisonnements, l'exil avaient à peu près anéanti son patrimoine.

Il s'était lié avec La Condamine, un homme fort agréable, esprit universel, brillant, un peu léger.

M. Michelet dit :

« Un jour que La Condamine soupait avec Voltaire, il riait de l'ignorance du sot contrôleur général Desforts, qui, pour éteindre les billets de l'Hôtel-de-Ville, venait d'ouvrir une loterie où, par un calcul simple, on pouvait gagner à coup sûr. Voltaire avait de ces billets ; il fut frappé, profita du calcul et y gagna 500,000 francs. »

Le contrôleur plaida, mais il perdit, et Voltaire fut riche, émancipé, libre.

Comment un homme noble se conduisit dans une affaire d'honneur

Le chevalier de Rohan-Chabot, étant à dîner chez le duc de Sully avec Voltaire, trouva mauvais que le jeune poëte ne fût pas de son avis.

— Quel est cet homme, demanda le chevalier, qui parle si haut ?

— Monsieur le chevalier, répondit Voltaire, c'est un homme qui ne traîne pas un grand nom, mais qui sait honorer celui qu'il porte.

Le chevalier de Rohan se vengea comme un misérable : il fit assaillir Voltaire par six coquins qui le rouèrent de coups.

Quelques jours après, Voltaire alla trouver le chevalier de Rohan dans la loge d'Adrienne Lecouvreur.

— Monsieur, lui dit l'écrivain, si quelque affaire d'usure ne vous a point fait oublier l'outrage dont j'ai à me plaindre, j'espère que vous m'en rendrez raison.

Le chevalier accepte le défi pour le lendemain, et va dénoncer Voltaire comme l'auteur d'un quatrain contre le Régent.

Le lendemain, Voltaire fut arrêté et conduit à la Bastille, puis il reçut l'ordre de se rendre en Angleterre.

**

Un homme qui sait s'apprécier

Voltaire demandait à d'Argenson une place à l'Académie des sciences et une place à l'Académie des inscriptions.

— Pour l'Académie des sciences, dit le ministre, attendez que Fontenelle soit mort.

— Il n'a que cent ans, s'écria Voltaire, je serai mort avant lui.

— L'Académie des sciences, passe encore, dit d'Argenson ; mais pourquoi seriez-vous de l'Académie des inscriptions et belles-lettres ?

— Pourquoi? dit Voltaire en relevant la tête avec orgueil, parce que j'écrirai mon nom sur tous les monuments de mon siècle.

**

Opinion de Voltaire sur Fréron

On connaît la haine que Voltaire avait pour Fréron; cependant il lui rendait justice; voici deux traits qui le prouvent :

Un soir, au milieu d'un souper que Voltaire présidait, un bruyant coup de sonnette retentit à la grille du château.

— Que feriez-vous, lui demanda un convive, si c'était Fréron?

— Ce que je ferais? répliqua Voltaire rouge de colère, je...

Puis se radoucissant tout à coup :

— Je l'inviterais à souper en face de moi, à cette table, et je lui ferais préparer le meilleur lit du château.

Un jour, un Allemand d'un rang élevé, qui se rendait à Paris pour la première fois, s'étant arrêté à Ferney, demandait à Voltaire de lui désigner quelqu'un qui pût lui donner une idée de la littérature de l'époque quand il serait dans la capitale.

Voltaire réfléchit un instant :

— Ma foi, dit-il, tout bien pesé, je ne connais que ce coquin de Fréron.

Comment Voltaire comprenait le plagiat

Quelqu'un reprochait à Voltaire d'avoir pris ces premiers vers de la *Henriade* :

> Je chante ce héros qui régna sur la France,
> *Et par droit de conquête et par droit de naissance*,

à l'abbé Cassagne, qui a dit en faisant parler Henri IV :

> Lorsqu'après cent combats je régnai sur la France,
> *Et par droit de conquête et par droit de naissance.*

Voltaire répondit avec ironie :

— Je tue ceux que je détrousse ; autrement il ne faut pas s'en mêler.

Sur la marquise du Châtelet

Ceci se passait à la cour du roi Stanislas, — un roi sans royaume, — où Voltaire avait accompagné le marquis et la marquise du Châtelet, qui était sa maîtresse.

Entrant à l'improviste dans la chambre de Mme du Châtelet, il trouve Saint-Lambert à ses pieds.

Voltaire allait éclater, lorsque la marquise l'arrêtant lui dit :

— Chut ! M. du Châtelet va vous entendre.

— C'est vrai, répondit Voltaire ; il y a un mari responsable, je m'en lave les mains.

Il fut magnanime : il pardonna à la marquise et à Saint-Lambert, se contentant de leur dire :

— Une autre fois, tirez les verrous.

La marquise aurait pu lui répondre que la précaution pouvait être inutile, puisque précédemment les ayant poussés pour prendre une « leçon » avec le mathématicien Clairault, Voltaire avait enfoncé la porte d'un coup de pied.

—

Deux ou trois jours après la mort de Mme du Châtelet, Voltaire s'inquiétait fort d'une bague où devait se trouver son portrait sous le chaton. Le valet lui dit qu'il avait eu la précaution de retirer cette bague, mais que le portrait qu'elle renfermait était celui de M. de Saint-Lambert.

— Oh ! ciel ! s'écria Voltaire en joignant les deux mains, voilà bien les femmes ! J'en avais ôté Richelieu, Saint-Lambert m'en a chassé ; cela est dans l'ordre : un clou chasse l'autre.

—

Marmontel raconte qu'après la mort de Mme du Châtelet, il alla trouver Voltaire pour prendre part à son affliction :

— Venez, me dit-il, venez partager ma douleur. J'ai perdu mon illustre amie ; je suis au désespoir, je suis inconsolable.

Marmontel s'informe comment cette chère marquise était morte.

— De quoi? ne le savez-vous pas? répond Voltaire. Ah! mon ami, il me l'a tuée, le brutal; il lui a fait un enfant.

C'était de Saint-Lambert qu'il parlait.

Voltaire et les lettres de cachet

L'auteur de la *Henriade* demandait un jour au lieutenant de police Hérault :

— Monsieur, que fait-on à ceux qui font de fausses lettres de cachet?

— On les pend.

— C'est toujours bien fait en attendant qu'on traite de même ceux qui en signent de vraies.

Boutade

Voltaire jouait au piquet dans un salon avec une dévote. Un orage survint. La dévote se mit à frémir, à prier, avouant qu'elle tremblait de se trouver en ce moment à côté d'un impie, sur lequel Dieu, dans sa colère, pouvait se venger par la foudre.

Voltaire, indigné de cette incartade, se lève et lui dit :

— Sachez, madame, que j'ai dit plus de bien de Dieu dans un seul de mes vers, que vous n'en penserez de toute votre vie.

Saint-Ange était allé rendre visite à Voltaire lors du dernier séjour du grand homme à Paris ; le traducteur d'Ovide crut devoir lui adresser ces paroles, qu'il pensait être un trait de génie :

— Aujourd'hui, monsieur, je suis venu voir Homère ; je viendrai voir un autre jour Euripide et Sophocle, et puis Tacite, et puis Lucien, etc.

— Monsieur, je suis bien vieux, répondit le caustique vieillard ; si vous pouviez faire toutes ces visites en une fois ?

Comment Voltaire se tirait d'embarras

Voltaire faisait un jour l'éloge du célèbre naturaliste Haller.

Quelqu'un lui dit :

— Ces sentiments sont d'autant plus beaux de votre part que Haller dit de vous pis que pendre.

Voltaire, qui ignorait ce détail, répondit, avec son fin sourire :

— Après tout, peut-être que nous nous trompons tous les deux.

Les mots de Voltaire

Après la première représentation d'*Œdipe*, qui eut un grand succès, le maréchal de Villars disait à Voltaire :

— La nation, monsieur, vous doit beaucoup de reconnaissance de lui consacrer ainsi vos veilles.

— Monseigneur, répondit vivement l'auteur, elle m'en devrait bien davantage si je savais écrire comme vous savez parler et agir.

En sortant d'une autre représentation de la même pièce, un homme de la cour, qui donnait la main à une dame tout à fait attendrie du spectacle qu'elle venait de voir, disait à l'auteur :

— Voici deux beaux yeux auxquels vous avez fait répandre bien des larmes.

— Ah! monsieur, répond Voltaire, ils se vengeront sur bien d'autres.

Un avocat vint faire visite à Voltaire, et lui dit avec emphase :

— Je vous salue, lumière du monde.

— Madame Denis, apportez les mouchettes, s'écrie Voltaire.

Voltaire faisait jouer aux Délices l'*Orphelin de la Chine*. Le président Montesquieu, qui était spectateur, s'endormit profondément.

Indigné de ce « sacrilége », Voltaire lui jette son chapeau à la tête en s'écriant :

— Il croit être à l'audience !

Voltaire revint à Paris pour faire jouer sa tragédie d'*Irène;* il avait quatre-vingt-quatre ans.

Mme Vestris, chargée du principal rôle dans cette pièce, vint lui rendre visite.

Voici les premières paroles qu'il lui adressa :

— J'ai été occupé de vous, madame, toute la nuit, comme si je n'avais que vingt ans.

Quelle grâce pour exprimer une pensée quelque peu érotique !

———

Ce fut à cette époque que Mercier lui dit :

— Vous avez surpassé vos confrères en tout genre ; vous surpasserez encore Fontenelle dans l'art de vivre longtemps.

— Ah ! monsieur, répondit Voltaire, Fontenelle était un Normand : il a trompé la nature.

———

Il disait de Rivarol :

— C'est un feu d'artifice tiré sur l'eau.

———

De Marivaux :

— C'est un homme qui connaît tous les sentiers qui aboutissent au cœur humain, mais qui n'en sait pas la grand'route.

Quelques pensées de Voltaire

La mémoire et l'esprit sont comme la pierre d'aimant, qui devient plus forte en augmentant petit à petit les poids qu'on lui fait porter.

———

Quand il plaît au roi de créer des charges, il plaît à Dieu de créer des fous pour les acheter.

———

Le moyen sûr pour être écrasé dans ce monde est de n'avoir que du mérite.

———

Les calomniateurs sont comme le feu qui noircit le bois vert, ne pouvant le brûler.

———

Le bonheur ressemble à l'île d'Ithaque, qui fuyait toujours devant Ulysse.

———

SAINT-FOIX

Cet homme d'esprit n'était pas toujours heureux dans ses plaisanteries. Voici qui le prouve :
Il se trouvait un jour au café Procope ; un garde

du roi entre et demande une bavaroise et un petit pain pour son souper.

— Voilà, dit tout haut Saint-Foix, un f.... souper.

Le militaire se fâche et lui en demande raison.

Saint-Foix n'était pas homme à refuser un coup d'épée. Ils se battent et l'homme à la bavaroise le blesse au bras.

— Cela n'empêche pas, dit froidement Saint-Foix en étanchant le sang de sa blessure, qu'une bavaroise et un petit pain ne fassent un f.... souper.

———

Un autre jour, se trouvant au parterre du Théâtre-Français auprès d'un homme qui avait l'haleine forte.

— Monsieur, lui dit-il, est-ce que c'est vous qui puez ?

Le voisin s'offense.

— Monsieur, lui dit Saint-Foix, on peut être honnête homme et puer.

On sort pour se battre ; mais le Breton est entêté.

— Monsieur, dit-il à son adversaire, si vous me tuez, vous n'en puerez pas moins ; et si je vous tue, vous en puerez davantage.

Cette conclusion fit rire l'homme à l'haleine forte, et la querelle n'eut pas de suite.

Une autre fois, il vit un militaire jeune et bien fait, à qui il dit brusquement :

— Monsieur, je vous en fais mon compliment, vous êtes un joli homme !

— Qu'est-ce à dire, monsieur ?

— Que vous êtes un joli homme ; je dis franchement tout ce que je pense.

— Monsieur, si c'est une plaisanterie, je ne sais pas les souffrir.

— Je ne plaisante pas. Mais vous êtes si bien partagé de la nature, que vous devez avoir quelque défaut qui compense vos avantages extérieurs. Avouez-le.

L'homme s'impatienta ; on se battit.

Saint-Foix, blessé, reprit :

— Mais dites-moi, du moins, quel est votre défaut essentiel.

Le militaire recommençait à se fâcher.

— Vous manquez peut-être de patience, lui dit froidement l'entêté Breton.

Comme il continuait ses sarcasmes, le jeune homme le pousse vivement et le jette dans un fossé.

Avant de se relever, Saint-Foix s'écria :

— Je savais bien que vous aviez quelque grand défaut : vous êtes brutal. Eh bien, il fallait le dire !

Et il n'était pas beaucoup plus réservé avec les dames. Jugez :

A une répétition de l'*Ombre*, une de ses comédies, Mlle de La Motte, chargée d'un rôle de fée, débitait son rôle avec le ton et les gestes d'une harengère.

Saint-Foix, qui n'était pas patient, lui arrache la baguette qu'elle tenait à la main, en lui disant :

— J'ai besoin d'une fée et non d'une sorcière.

Comme l'actrice voulait se justifier, l'auteur ajoute :

— Vous n'avez pas voix ici ; nous sommes au théâtre et pas au sabbat.

—

Saint-Foix raconte que M. Gardeaux, curé de Saint-Etienne-du-Mont, apostropha un jour en chaire les femmes qui découvraient leur gorge, en ces termes :

— Couvrez-vous donc au moins en notre présence ; car, afin que vous le sachiez, nous sommes de chair et d'os comme les autres hommes.

Cette exhortation fit rire, dit l'auteur ; c'était cependant une sanglante critique du célibat des prêtres.

—

Mlle Bryant disait en parlant de Saint-Foix, qui

était très-laid, et de Bertin, le poëte, qui avait le regard sombre :

— Le premier ressemble au crime, et le second au remords.

DUCLOS

Cet écrivain avait une haute estime pour sa profession. De certains grands seigneurs ayant affecté du dédain pour les hommes de lettres, il prononça ce mot vengeur :

— Ils nous craignent comme les voleurs craignent les lanternes.

Et celui-ci, prononcé en pleine séance de l'Académie, à propos du maréchal de Belle-Isle, qui, voulant faire partie de la docte assemblée, refusait de faire les visites d'usage :

— Ce ne sont pas les tyrans qui font les esclaves, ce sont les esclaves qui font les tyrans.

Duclos n'aimait pas l'abbé d'Olivet ; il disait de lui :

— C'est un sot ; c'est moi qui le dis et c'est lui qui le prouve.

Il ajoutait :

— C'est un si grand coquin que, malgré toutes

les duretés dont je l'accable, je ne le hais pas plus qu'un autre.

—

L'auteur des *Considérations sur les mœurs* disait en parlant de la queue des encyclopédistes :

— Ils sont là une demi-douzaine de petits impies qui en feront et diront tant qu'ils finiront par m'envoyer à confesse.

—

M. de Calonne avait fait un rapport contre La Chalotais, qui était plutôt une œuvre de parti que de justice.

Un des amis de Duclos le rencontre et lui dit :

— Le croiriez-vous ? en plein jour, aux Tuileries cet infâme rapport se vend...

— Comme le juge, répond Duclos en l'interrompant.

—

Et ce mépris, Duclos ne le dissimulait pas à la personne même qui en était l'objet, comme le prouve cette anecdote :

Invité à dîner par un ami, au moment de se mettre à table, on annonce M. de Calonne.

Duclos se lève, prend son épée et son chapeau et s'adressant au maître de la maison, en face du convive détesté, il lui dit :

— Ignorez-vous donc, monsieur, que cet homme et moi ne pouvons nous trouver à la même table ?

—

Duclos avoue dans ses *Mémoires* que lorsqu'il fréquentait la maison de Saint-Maurice, un thaumaturge qui « menait joyeuse vie aux dépens de ses dupes, » il ne dédaignait pas la société des femmes plus que légères qui s'y trouvaient.

— Je les aimais toutes, dit-il, et je n'en méprisais aucune.

Mme de Rochefort traduisait plus brutalement encore que Duclos cette ardeur pour n'importe quel jupon.

— Pour vous, Duclos, ce qu'il vous faut, c'est du pain, du vin, du fromage et la première venue.

—

Duclos, pour exprimer son mépris, avait une formule favorite : « C'est l'avant-dernier des hommes. »

Un ami lui disait, un jour qu'il venait de prononcer sa sentence habituelle :

— Pourquoi l'avant-dernier ?

— C'est, répondit-il, pour ne décourager personne.

—

Ennuyé d'entendre les courtisans s'occuper gravement des futilités du lever, du coucher et du débotter du roi, il disait :

— Quand je dîne à Versailles, il me semble que je dîne à l'office. On croit voir des valets qui ne s'entretiennent que de ce que font leurs maîtres.

VOISENON

La Place raconte que Voisenon, qui portait une épée sous sa soutane, eut un duel avec un officier aux gardes, qui croyait ne « faire qu'une bouchée » de ce petit abbé ; mais le petit abbé le souffleta galamment du bout de son épée et le désarma avec une grâce parfaite.

Le cardinal de Fleury lui offrit un évêché :

— Comment voulez-vous, monseigneur, que je conduise un diocèse, quand j'ai tant de peine à me conduire moi-même ?

C'est Voisenon qui a dit :

— Il y a des bêtises qu'un homme d'esprit achèterait.

— Aimons-nous les uns les autres, disait-il avec onction à Mme Favart, qui pratiquait fort bien ce précepte avec son mari et l'abbé; Bachaumont, la mauvaise langue, dit : « et avec d'autres. »

Cet abbé, sortant de l'Académie, se plaignait à d'Alembert des accusations dont il était l'objet ; entre autres choses, il lui disait :

— S'il se fait ici quelque étourderie, on ne manque jamais de me la prêter.

— Ah! l'abbé, répliqua d'Alembert, vous savez bien qu'on ne prête qu'aux riches.

Voisenon disait en parlant des *Mémoires du comte de Gramont* :

— Le livre d'Hamilton est le bréviaire des gens u monde : il faut le lire une fois l'an.

Dans les dernières années de sa vie, Piron ayant versifié un *De profundis*, l'abbé de Voisenon dit :

— Si dans l'autre monde on se connaît en vers, ce *De profundis* l'empêchera d'entrer au ciel comme son *Ode à Priape* l'a empêché d'entrer à l'Académie.

Le joyeux abbé ayant donné au Théâtre-Italien un petit acte froid et terne, un de ses amis lui demanda pourquoi il l'avait fait représenter. Voisenon lui répondit :

— Il y a si longtemps que tout Paris m'ennuie en détail, que j'ai saisi une occasion de prendre ma revanche.

DIDEROT

La fin des amours de Diderot et de Mme de Puysieux

Ce fut pour satisfaire aux besoins d'argent et à l'avidité de cette dame que Diderot composa les *Pensées philosophiques*, les *Bijoux indiscrets*, la *Lettre sur les aveugles*, qui le fit enfermer à Vincennes. Voici comment il en fut récompensé :

Il avait obtenu l'autorisation de recevoir des visites ; celles de Mme de Puysieux étaient fréquentes.

Un jour, elle arrive très-parée. Diderot se doute que cette charmante toilette n'est pas exclusivement pour lui.

— Vous avez des projets ?

La dame avoue qu'elle se rend à une fête qui a lieu à Champigny.

— Et vous y allez seule ?

— Tout à fait.

— Vous m'en donnez votre parole ?

— Je vous la donne.

— Très-bien.

Quelques heures après, Diderot franchit une muraille, vole à Champigny et voit Mme de Puysieux en tête à tête avec un amant.

Diderot revint par le même chemin ; s'il était encore captif, son cœur avait recouvré sa liberté : il ne revit jamais son indigne maîtresse.

———

On venait de vanter le bonheur de la campagne devant Diderot ; sa tête se monte, il y veut aller passer quelque temps : où ira-t-il ? Le gouverneur du château de Meudon arrive en visite ; il apprend son désir ; il lui assigne une chambre au château.

Diderot va la voir, en est enchanté ; il ne sera heureux que là ; il revient en ville, l'été se passe sans qu'il retourne là-bas.

Second été, pas plus de voyage.

En septembre, il rencontre le poëte Delille qui l'aborde et lui dit :

— Je vous cherchais, mon ami ; je suis occupé d'un poëme ; je voudrais être solitaire pour y travailler. Mme d'Houdetot m'a dit que vous aviez une jolie chambre où vous n'allez point.

— Mon cher abbé, écoutez-moi : nous avons tous une chimère que nous plaçons loin de nous ; si nous y mettons la main, elle se loge ailleurs. Je ne vais point à Meudon, mais je me dis chaque jour : J'irai demain. Si je ne l'avais plus, je serais malheureux.

Quelqu'un a peint ainsi Diderot :
« C'est un volcan qui vomit du feu, de la fumée, de la pierre et des charbons. »

HELVÉTIUS

Un homme juste

Le carrosse d'Helvétius étant arrêté dans une rue par une charrette chargée de bois qu'on pouvait facilement détourner pour rendre le passage libre, le philosophe se prit de querelle avec le conducteur de cette voiture.

— Coquin ! lui crie Helvétius.

— Vous avez raison, lui dit le charretier, je suis un coquin et vous un honnête homme, car je suis à pied et vous en carrosse.

Honteux de son emportement, Helvétius lui dit :

— Mon ami, je vous demande pardon ; vous venez de me donner une excellente leçon, et elle mérite une récompense.

Il lui donna un écu de six livres et fit ranger la charrette par ses gens.

Il arrivait quelquefois à ce philosophe de répandre ses bienfaits sur d'assez mauvais sujets. Ses amis lui en faisaient souvent des reproches.

— Si j'étais roi, disait-il, je les corrigerais ; mais je ne suis que riche, et ils sont pauvres, je dois les secourir.

———

Et un jour que Marivaux s'était emporté contre lui jusqu'à la colère :

— Comme je lui aurais répondu, disait-il le soir à des amis, si je ne lui avais pas l'obligation d'avoir accepté les 3,000 livres que je lui ai offerts.

———

BARTHÉLEMY

L'abbé Barthélemy, avec un revenu d'une quarantaine de mille francs, menait un train de maison fort modeste.

Un de ses amis lui demandait pourquoi il n'avait pas de voiture ; il répondit avec cette simplicité qui lui était naturelle :

— J'aurais honte de passer devant quelques-uns de mes confrères qui vont à pied, quoiqu'ils aient un mérite bien supérieur au mien.

BACULARD D'ARNAUD

Il disait un jour au jeune comte de Friès, occupé de sa toilette :

— Monsieur le comte, vous avez là des cheveux de génie.

— Si je le croyais, mon cher Baculard, répondit le gentilhomme, je les couperais pour vous en faire une perruque.

———

Baculard ne manquait pas de jugement ; il disait en parlant de ses propres poésies, recueillies en trois volumes :

— C'est un chef-d'œuvre de sottises et d'impertinences.

———

A la cour de Prusse, dans un souper où tous les convives professaient le plus pur athéisme, lui seul gardait le silence.

— Eh bien ! d'Arnaud, quel est votre avis sur tout cela ? lui dit Frédéric.

— Sire, répondit-il, j'aime à croire à l'existence d'un être au-dessus des rois.

———

Rivarol disait de cet auteur : « La probité de ses vers et l'honnêteté de sa prose sont connues. »

SEDAINE

Un jour Voltaire, qui sortait de l'Académie, indigné de quelques plagiats littéraires qui l'avaient choqué, disait à Sedaine, son collègue :

— Ah ! monsieur, c'est vous qui ne prenez rien à personne !

— Aussi ne suis-je pas riche, répondit Sedaine avec autant d'à-propos que de modestie.

—

Sedaine avait cependant quelquefois son petit mouvement d'orgueil ; ainsi il répétait souvent, en parlant de ses confrères de l'Académie :

— Ils disent que je ne sais pas le français, et moi je prétends qu'il n'y en a pas un là, — et il montrait le sanctuaire des immortels, — qui puisse faire *Rose et Colas*.

ESMÉNARD

Ce censeur impérial, qui fut, comme poëte, le clair de lune de Delille, inspira nombre d'épigrammes assez violentes ; nous les passons sous silence, mais voici quelques-uns des mots les plus mordants qu'il s'attira.

On parlait dans une réunion du chemin rapide qu'il faisait dans le monde.

— Oui, dit quelqu'un, il pousse comme un champignon.

— Je le crois bien, riposte une autre personne, il sort du fumier.

—

On disait :

— Voyez cet Esménard comme il a l'air faux.

— Et cependant il n'a que cela de vrai, riposte quelqu'un.

—

On citait des vers médiocres qu'Esménard avait pris à Corneille et à Du Bellay.

— Cela ne valait pas la peine d'être volé, dit un homme de lettres ; Esménard ressemble à un gueux qui fouille dans la poche d'un homme riche et qui ne lui prend que des gros sous.

———

LEMIERRE

Sortant de souper en ville, Lemierre s'en allait tout guilleret, le chapeau sous le bras, la brette au côté, fredonnant une ariette quelconque, lorsqu'un quidam lui demande d'un ton assez arrogant quelle heure il est à sa montre :

— Tenez, mon brave, regardez, voici l'aiguille,

lui répond Lemierre en lui présentant la pointe de son épée.

—

Lemierre, déjà sur le retour, disait en parlant de sa femme, qui était jeune et jolie :
— Tous les jours je lui passe la main sur les épaules pour sentir s'il ne lui vient pas des ailes.

—

Après la reprise triomphante de la *Veuve du Malabar*, Lemierre, enivré de son triomphe, s'écria, — chez son ami Roucher, — en montrant le poing à un buste de Voltaire :
— Ah ! coquin, tu voudrais bien avoir fait ma *Veuve !*

—

On a dit de Lemierre : « Il a passé sa vie à dire du bien de lui, mais il n'a jamais dit du mal des autres. »

—

PALISSOT

Les détails de son mariage sont assez curieux.
Ce poëte entre un jour chez un bonnetier pour acheter des bas ; la demoiselle de la maison les lui donne. Il en devient subitement amoureux, et lui demande si elle n'aurait pas envie de se ma-

rier ; qu'en ce cas, il aurait quelqu'un à lui proposer.

La demoiselle lui répond que cela regarde son père ; celui-ci, consulté, accorde son consentement. On se donne rendez-vous à Argenteuil dans la maison de Palissot, où la famille se rend peu après. Là, il fait connaître que le futur, c'est lui, et qu'il a 12,000 livres de rentes. Cela fit passer son physique, qui était assez défectueux.

L'abbé de Laporte fut chargé d'annoncer la nouvelle à Mlle Fauconnier, « courtisane très-renommée, » avec laquelle Palissot vivait depuis longtemps. La favorite se montra fort peu émue, et le mariage se fit.

BEAUMARCHAIS

On sait que Beaumarchais était fils d'un horloger.

Un grand seigneur le voyant passer dans la galerie de Versailles, et voulant l'humilier, s'approche et lui dit :

— Ah ! monsieur de Beaumarchais, je vous rencontre à propos : ma montre est dérangée ; faites-moi le plaisir d'y donner un coup d'œil.

— Volontiers, monsieur, mais je vous préviens

que j'ai toujours eu la main extrêmement malheureuse.

Le gentilhomme insiste. Beaumarchais prend la montre et la laisse tomber.

— Oh ! monsieur, que je suis désolé ; mais je vous l'avais bien dit, et c'est vous qui l'avez voulu.

Les rieurs ne furent pas du côté du gentilhomme.

———

M. de Vaudreuil disait de l'auteur du *Mariage de Figaro* :

— Cet homme est comme une pierre à fusil ; plus on le frappe, plus il sort d'étincelles.

———

Une femme de beaucoup d'esprit, — n'était-ce pas Mme de Staël ? — à qui l'on demandait ce qu'elle pensait de Beaumarchais, répondit :

— Il sera pendu ; mais il a tant de chance que la corde cassera.

———

Beaumarchais avait répondu à un persiflage de Goëzman sur sa noblesse :

— Elle est bien à moi, en bon parchemin scellé de cire jaune ; elle n'est pas, comme celle de beaucoup de gens, incertaine et sur parole ; personne n'oserait me la disputer, car *j'en ai quittance !*

———

Sa pièce des *Deux Amis* se traîna péniblement jusqu'à la dixième représentation ; cet échec fut salué par beaucoup de quolibets, et il ne les avait pas volés. Beaumarchais avait dit :

— J'ai l'avantage sur « mes tristes confrères de la plume » de pouvoir aller au théâtre en carrosse.

A la fin de la première représentation, un plaisant du parterre s'était écrié :

— Il s'agit ici d'une banqueroute ; j'y suis pour mes vingt sous.

—

Le valet de Beaumarchais se grisait régulièrement chaque fois que son service était fini. Un matin cependant, il entra chez son maître dans un état complet d'ébriété.

— Quoi ! lui dit Beaumarchais, déjà ivre de si grand matin !

L'autre lui répond en trébuchant :

— Pardonnez-moi, monsieur, c'est d'hier soir.

LINGUET

Il avait assez malmené le maréchal de Duras ; celui-ci fit dire à Linguet qu'il lui donnerait des coups de bâton.

— Tant mieux, dit le libelliste ; je serai fort aise de lui voir faire usage de « son bâton » une fois en sa vie.

—

Linguet, en se déchaînant contre l'immortel ouvrage de Montesquieu, disait à tout propos qu'il avait approfondi l'*Esprit des lois*.

— Cela peut être, lui répondit-on ; mais vous n'avez assurément pas approfondi les *lois de l'esprit*.

—

Linguet avait fait un mémoire en faveur du duc d'Aiguillon, lors de son affaire avec La Chalotais ; voici l'épigramme qui en résulta :

> Linguet loua jadis et Tibère et Néron,
> Calomnia Trajan, Tibère et Marc Aurèle ;
> Cet infâme, aujourd'hui, dans un affreux libelle,
> Noircit La Chalotais et blanchit d'Aiguillon.

On sait que Linguet avait fait l'éloge des plus exécrables Césars, et la critique de ceux que l'histoire a toujours loués.

BERNARDIN DE SAINT-PIERRE

L'auteur de *Paul et Virginie*, indignement traité par Geoffroy dans le *Journal de l'Empire*, avait répondu par une lettre très-digne que ce journal ne voulut pas insérer.

Bernardin de Saint-Pierre alla trouver le ministre de la police et lui exposa ses plaintes, que ce fonctionnaire trouva parfaitement fondées, mais auxquelles il ne pouvait faire droit « parce que des considérations puissantes s'y opposaient. »

— Puisque je ne puis obtenir satisfaction des injures d'un cuistre, dit Bernardin, permettez-moi de vous raconter ce qui m'est arrivé pendant mon dernier voyage en Russie : je rencontrai, en sortant de Moscou, un énorme dogue qui aboyait d'une manière effrayante et semblait vouloir s'élancer sur moi. N'ayant ni armes ni canne, rien qui pût servir à ma défense, je me baissai pour ramasser une pierre. Quelle fut ma surprise ! elle était gelée ; je ne pus parvenir à l'arracher de terre. Je m'écriai alors avec colère : Je ne resterai certainement pas dans un pays où l'on lâche les chiens et où l'on attache les pierres.

Le ministre comprit-il l'apologue ?

DELILLE

Un plaisant assistait à une réunion où l'abbé Delille récitait un fragment du poëme de l'*Imagination*. Quand le poëte en fut à ce vers :

> Il ne voit que la nuit, n'entend que le silence,

il proposa à l'auteur, pour compléter l'image, d'ajouter :

> Ne touche que le vide et ne sent que l'absence.

—

Delille était lié intimement avec M. de Choiseul-Gouffier ; quand ce comte fut nommé ambassadeur à Constantinople, il proposa à l'abbé de lui faire voir la Provence. Delille accepta avec joie.

Avant de se séparer, l'ambassadeur offrit le déjeuner d'adieu sur le vaisseau qui devait le conduire à Constantinople. L'abbé ne pouvait refuser.

Vers la fin du repas, Delille tire sa montre et dit à son ami :

— Je dîne en ville, et voici l'heure à laquelle on m'attend ; faites-moi, je vous prie, conduire à terre.

— Impossible, mon cher ami.

— Comment, impossible ?

— Mon Dieu, oui, impossible, nous sommes en route pour Constantinople.

L'ambassadeur avait fait mettre à la voile pendant le repas.

Delille se résigna avec bonne grâce ; ce fut sur les rives du Bosphore qu'il fit une partie de son poëme *De l'Imagination*, « une pluie de diamants, » disait Boufflers.

———

Un ami de Lebrun (Pindare) disait un jour devant Delille que ce poëte avait dans son portefeuille des choses superbes :

— Conseillez-lui, dit l'abbé, de ne pas les y garder trop longtemps ; les réputations ne ressemblent pas aux olives : les pochetées ne sont pas les meilleures.

———

Il venait de réciter à Parseval-Grandmaison un passage d'un de ses poëmes ; comme celui-ci lui faisait remarquer qu'un des vers qu'il venait d'entendre exprimait une idée empruntée à Bernardin de Saint-Pierre :

— Qu'importe ! s'écrie Delille, ce qui a été dit en prose n'a pas été dit.

———

Il improvisait facilement, et Alissan de Chazet nous en donne cet exemple :

« Je me rappelle qu'ayant été chez lui pour sa fête, je remarquai qu'il avait des culottes neuves, et comme je lui en faisais en riant mon compliment, il me dit à l'instant :

De ma douce compagne, ouvrière assez forte,
Ces culottes sont un bienfait :

> Oui, mon ami, c'est elle qui les fait...
> Aussi c'est elle qui les porte.

Et il ne disait pas tout, le bon Delille ; Chateaubriand nous en apprend un peu plus sur le caractère de la dame :

« Un jour, j'étais allé chez lui ; il se fit attendre, puis il parut les joues fort rouges ; on prétend que Mme Delille le souffletait. Je n'en sais rien ; je dis seulement ce que j'ai vu. »

Et savez-vous pourquoi cette dame souffletait son mari ? Parce qu'il n'avait pas rempli sa tâche : un nombre de vers qu'elle déterminait, et qu'on lui payait six francs l'un ! Ce qui faisait dire à M.-J. Chénier :

> De ces vers-là le tiers vaut six francs pièce,
> Mais les deux tiers ne valent pas un sou !

LA HARPE

L'auteur de *Timoléon* se maria très-jeune avec la fille du cafetier qui le logeait. C'était une jeune personne très-jolie et très-modeste ; il paraît que leurs relations n'étaient pas purement platoniques, la demoiselle avait pris un à-compte sur les joies de l'hyménée. « Les Muses, dit un chroniqueur du temps, ont fait les frais les plus considérables de cet hymen ; les deux conjoints n'ont rien du tout. »

Grimm disait à propos de ce mariage :

— Une mauvaise tragédie (*Timoléon*) et un mauvais mariage, c'est deux sottises coup sur coup.

—

Un jeune rimailleur, qui croyait que le suffrage de La Harpe était un titre qui lui donnerait de la réputation, se vantait devant la femme du critique d'être un de ses plus intimes amis. La dame protesta en disant :

— Apprenez, monsieur, que mon mari n'est l'ami de personne.

—

La Harpe écrivait à Voltaire :

« Il est également triste et inconcevable d'être haï par une foule de personnes qu'on n'a jamais vues. »

Et, pour le consoler, Voltaire lui répondait :

« Il y a eu de tout temps des Frérons dans la littérature ; mais on dit qu'il faut qu'il y ait des chenilles, pour que les rossignols les mangent afin de mieux chanter. »

CHAMFORT

Le duc de Créqui disait un jour à Chamfort :

— Mais, monsieur, il me semble qu'aujourd'hui un homme d'esprit est l'égal de tout le monde et que le nom n'y fait rien.

— Vous en parlez bien à votre aise, monsieur le duc, répondit Chamfort ; mais supposez qu'au lieu de vous appeler M. le duc de Créqui, vous vous appeliez M. Criquet ; entrez dans un salon et vous verrez si l'effet sera le même.

—

Chamfort étant allé se loger au Palais-Royal, Marmontel lui dit en riant que les habitantes de ce lieu étaient bien dangereuses.

— Je ressemble à la salamandre, lui répondit Chamfort ; je vis dans les flammes.

—

Chamfort était un fort bel homme ; à ce mérite, il en joignait un autre : Mme la princesse de Craon disait à une de ses amies :

— Vous ne voyez en lui qu'un Adonis et c'est un Hercule !

Lorsque Chamfort fut reçu à l'Académie française, Rivarol dit à propos de cette élection :

— C'est une branche de muguet entée sur des pavots.

« Cette branche de muguet, a dit Sainte-Beuve, avait l'orgueil du cèdre. »

Rulhières disait un jour à Chamfort :
— On m'accuse d'avoir fait bien des méchancetés, et pourtant je n'en ai fait qu'une.
— Quand finira-t-elle ? repartit Chamfort.

Caractérisant d'un trait l'esprit dédaigneux de Suard, il disait :
— Le goût de cet homme est le dégoût.

Ducis lui demandait s'il trouvait quelque inconvénient à ce qu'il acceptât le cordon de Saint-Michel qu'on lui proposait :
— Je n'en vois qu'un, répond Chamfort, c'est que tu seras obligé de le porter.

Chamfort répondait à un grand personnage qui lui faisait sentir la supériorité de son rang :
— Monsieur le duc, je n'ignore pas ce que je dois savoir : je sais aussi qu'il est plus facile d'être au-dessus de moi qu'à côté.

Allant avec Rœderer rendre visite à Marmontel

après le décret qui supprimait les pensions, ils le trouvèrent gémissant avec sa femme sur la perte d'une partie de leur fortune.

Chamfort, prenant un des enfants de Marmontel sur ses genoux, lui dit :

— Viens, mon petit ami; tu vaudras mieux que nous : quelque jour tu gémiras en apprenant que ton père eut la faiblesse de pleurer sur toi à l'idée que tu serais moins riche que lui.

Chamfort lui-même perdait sa fortune par le décret de la veille.

Balzac disait de Chamfort et de Rivarol, qu'il citait toujours avec admiration :

— Ces gens-là mettaient des livres dans un bon mot; aujourd'hui c'est à peine si l'on trouve un bon mot dans un livre.

MAURY

Une mémoire prodigieuse

Le *Grand Dictionnaire* cite cette curieuse anecdote sur la mémoire de ce célèbre prélat :

Lorsqu'il étudiait au séminaire Saint-Charles, à Avignon, l'abbé Poulle vint y prêcher.

Désirant entendre ce prédicateur, il demanda une permission à son supérieur, qui la lui accorda.

Ce supérieur s'était rendu de son côté à l'église Saint-Agricole et n'y avait point aperçu Maury.

— Où étiez-vous donc allé courir? lui dit-il le soir; vous n'assistiez point au sermon.

— Pardonnez-moi, répliqua Maury, j'y étais fort bien.

— C'est faux, je suis sûr que vous seriez très-embarrassé si je vous demandais sur quel sujet a prêché l'abbé Poulle.

— Voilà qui tombe admirablement, à telles enseignes que j'ai transcrit de mémoire la première partie du discours, et que j'allais achever la seconde quand vous m'avez fait appeler.

Et l'assertion était parfaitement exacte.

Présence d'esprit

Prêchant un jour à Versailles devant la cour, il n'avait pas ménagé son auguste auditoire. S'apercevant de signes non douteux de mécontentement, il ajouta:

— Ainsi parlait saint Jean Chrysostôme devant la cour de Constantinople.

Ce mot raccommoda tout.

— Leur en ai-je... donné du saint Jean Chrysostôme, disait-il en style de grenadier quand ses amis vinrent le complimenter à l'issue de ce sermon, — qui lui valut un bénéfice et sa nomination à l'Académie française.

Portrait

François Arnault a tracé ce croquis du célèbre prélat : « C'est à dîner surtout qu'il se révélait tout entier, mangeant beaucoup, buvant à l'avenant, et plaçant, dans les trèves qu'il accordait à sa mâchoire plutôt qu'à son appétit, soit une anecdote philosophique, soit une bribe de sermon, soit un passage du discours qu'il venait de prononcer, soit enfin une histoire bien graveleuse, un conte de nature à déconcerter même une femme de la cour... »

Du reste, ceci s'accorde bien avec le personnage que le même auteur nous peint « avec son regard effronté, ses larges épaules, ses mollets carrés et sa corpulence athlétique. »

Quelques traits d'esprit de l'abbé Maury

On sait que ce fut le meilleur champion de la noblesse et du clergé à l'Assemblée nationale. Il fut aussi le plus rude adversaire que rencontra ce lion d'éloquence politique qui s'appelait Mirabeau, et les sarcasmes de l'abbé le mirent quelquefois dans l'embarras.

Maury descendait un jour de la tribune au bruit des applaudissements royalistes.

Mirabeau s'y élance, et débute en disant :

— Je vais enfermer l'abbé Maury dans un cercle vicieux.

L'orateur royaliste se retourne, et lui réplique avec un grand sang-froid :

— Vous voulez donc m'embrasser ?

Un éclat de rire universel accueillit cette âcre repartie, qui ne manquait pas de justesse.

A propos de la question des assignats, qu'il avait combattue avec beaucoup d'éloquence, comme il était assailli par les clameurs, il s'écria :

— Le tumulte de cette Assemblée pourra bien étouffer ma voix, il n'étouffera point la vérité.

Son impopularité était très-grande, mais il y faisait face en homme d'esprit.

Un jour, en sortant de l'Assemblée, un groupe menaçant criait sur son passage :

— L'abbé Maury, à la lanterne !

— Et quand j'y serai, répliqua-t-il d'un ton goguenard, y verrez-vous plus clair ?

Une autre fois un forcené, brandissant un couperet, le menaçait de l'envoyer dire « la messe à tous les diables. »

— Soit, dit Maury ; mais tu viendras me la servir : voici mes burettes.

Et il lui présenta deux pistolets.

La foule applaudit à outrance.

—

L'orateur royaliste étant à la tribune, des dames causaient assez haut pour couvrir sa voix ; il s'écria d'un ton moqueur :

— Monsieur le président, faites donc taire ces sans-culottes.

Le mot fit fortune ; on l'appliqua depuis aux patriotes les plus exaltés.

—

Une femme de la halle, rencontrant l'abbé Maury qui se rendait à l'Assemblée nationale, lui dit dans son langage énergique :

— Vous parlez comme un ange, monsieur l'abbé, mais, malgré votre éloquence, vous êtes f.....

— Bah ! répondit l'abbé, vous savez bien, ma commère, qu'on ne meurt pas de ça.

—

Mirabeau disait de Maury, son adversaire à la Constituante :

— Quand il a raison, nous nous battons ; quand il a tort, je l'écrase.

—

Lorsqu'il fut rallié à Napoléon, Regnault de

Saint-Jean-d'Angély, voulant l'humilier, lui disait :

— Vous vous estimez donc beaucoup, monsieur?

Le cardinal Maury lui répond avec son flegme sarcastique :

— Très-peu quand je me considère, beaucoup quand je me compare.

DE BIÈVRE

Voici quelques-uns des calembours de ce joyeux marquis; s'ils ne sont pas tous bons, je crois qu'on en fait encore de plus médiocres aujourd'hui :

M. de Bièvre, apercevant un jour dans une voiture trois dames de sa connaissance, s'empressa d'aller les saluer.

Elles l'invitèrent alors à monter.

— Pierre, dit l'une, ouvrez la portière à M. le marquis.

— Comment! mesdames, repartit M. le marquis, votre cocher se nomme Pierre? Son parrain s'est trompé; il devait le nommer *Bénédicité*.

Et, comme les dames semblaient très-étonnées, le marquis ajouta galamment :

— Le *bénédicité* ne précède-t-il pas toujours les *grâces* ?

—

Il avait une cuisinière qui avait la main assez malheureuse; aussi la nommait-il Inès de Castro (casse trop).

—

Rencontrant un jour Vernet au Salon, où ce peintre avait exposé plusieurs tableaux, l'incorrigible marquis s'approche du peintre et lui dit d'un air mystérieux :

— Je parie, monsieur, que ce n'est pas sans *dessein* que l'on vous trouve ici.

—

Quelqu'un lui apprenant la maladie de l'acteur Molé, qui brillait surtout par ses manières de petit-maître, le marquis s'écria :

— Quelle fatalité (fat alité).

—

— Connaissez-vous la différence qu'il y a entre l'histoire de France et une pomme? demandait un jour M. de Bièvre.

Et comme personne ne lui répondait, il ajouta :

— C'est que l'histoire de France n'a qu'un Pépin et qu'une pomme en a plusieurs.

—

Louis XVI lui disait un jour :

— Monsieur de Bièvre, pourriez-vous me dire de quelle secte sont les puces?

Après avoir cherché, le marquis déclara au roi qu'il ne trouvait pas.

Le roi, triomphant, lui dit :

— Eh bien, marquis, les puces sont de la secte d'Épicure (des piqûres).

Mais de Bièvre était homme à prendre rapidement sa revanche :

— Et vous, Sire, savez-vous de quelle secte sont les poux?

Le roi hésitant :

— Ils sont de la secte d'Épictète (des pique têtes).

—

Un jour que sa voiture était arrêtée par un enterrement, il cria à son cocher :

— Prends garde que les chevaux ne prennent le *mors* aux dents.

—

Molé lui disait, après la première représentation du *Séducteur* :

— Je ne suis pas content de moi ; je crains d'avoir affaibli mon rôle, car j'étais *enroué*.

— Tant mieux, répondit le calembouriste; il est essentiel que le *Séducteur* soit joué en roué.

Lorsqu'il remit à l'imprimeur Prault le manuscrit du *Séducteur*, celui-ci s'avisa de trancher du magister :

— Monsieur le marquis, lui dit Prault, voici que vous prenez classe parmi nos meilleurs auteurs dramatiques ; mais plus de calembours, car....

— Ah ! pardi, c'est nous la donner belle, répliqua le marquis ; eh bien ! puisque tu le prends ainsi, mon cher Prault, j'en ferai sur toi et sur toute ta maison : pour toi, tu es un problème (Prault blême), ta femme une profanée (Prault fanée) et ta fille une *pro nobis*.

—

Sa manie lui attira quelquefois des désagréments ; en voici un entre autres :

Surpris par une ondée, il vit passer le carrosse d'un ami et s'élança à la portière :

— Mon cher, je vous demande une place, je suis trempé.

L'ami feint de réfléchir :

— Décidément, dit-il, je ne trouve pas celui-là.

Et il fait signe au cocher, qui s'était arrêté, de continuer son chemin.

MIRABEAU

Le comte de Mirabeau, très-laid de figure, mais plein d'esprit, ayant été mis en cause pour rapt et séduction, fut lui-même son avocat.

— Messieurs, dit-il, je suis accusé de séduction ; pour toute réponse et pour toute défense, je demande que mon portrait soit mis au greffe.

Le commissaire ne comprenant pas :

— Bête, dit le juge, regarde donc la figure de monsieur.

—

Mirabeau l'aîné était allé rendre visite à son frère, malade de trop fréquents sacrifices à Bacchus, son péché mignon.

— Est-il possible, mon frère, que vous ne rougissiez point d'un vice aussi crapuleux?

— Parbleu! répondit le malade, c'est le seul que vous m'ayez laissé.

—

Mirabeau disait :

— Il faut deux choses pour qu'un citoyen soit noble : d'abord qu'il le dise, puis que celui à qui il le dit veuille bien le croire. Sans ces deux conditions, la noblesse n'existe pas.

A l'une des premières séances de l'Assemblée constituante, comme il s'agissait d'élire un président, Mirabeau prit la parole pour indiquer à ses collègues les conditions de caractère et de talent que devait offrir celui qui serait appelé à l'honneur de présider l'Assemblée.

Il s'exprima de telle manière qu'il était impossible de ne pas le reconnaître lui-même dans le portrait qu'il venait de tracer.

M. de Talleyrand, avec sa finesse habituelle, ne put s'empêcher de dire :

— Il ne manque qu'un trait à ce que vient de dire M. Mirabeau ; c'est que le président doit être marqué de la petite vérole.

On sait que Mirabeau était grêlé comme une écumoire.

GILBERT

La baronne de Prinzen avait obtenu le privilége de republier le *Journal des Dames*, et remplissait cette feuille de ses élucubrations poétiques, qui étaient loin d'être amusantes.

Se trouvant dans une réunion où le poëte Gilbert récitait avec beaucoup de véhémence une pièce de vers, la baronne causait et riait avec affectation.

Gilbert s'arrête, et, fixant Mme de Prinzen, il lui adresse ce quatrain :

> Ah ! Prinzen, par pitié, daignez du moins m'entendre ;
> Oui, mes vers sont froids et d'un lourd sans égal ;
> Mais le mal que je fais, vous pouvez me le rendre :
> Faites-moi quelque jour lire votre journal.

RIVAROL

Rivarol, qui s'était créé comte de sa propre autorité, disait, après la nuit du 4 août :

— *Nous* avons perdu *nos* droits, *nos* titres, *notre* fortune.

— *Nous ! nos ! notre !* murmurait le marquis de Créqui.

— Eh bien, dit Rivarol, que trouvez-vous donc de singulier dans ce mot ?

— C'est ce pluriel que je trouve singulier, répondit le marquis.

Il écrivait dans les *Actes des Apôtres* :

« Autrefois les rois portaient le diadème sur le front ; ils l'ont maintenant sur les yeux. Le peuple est un souverain qui ne demande qu'à manger : Sa Majesté est tranquille quand elle digère. »

En parlant de La Fayette :
— Sa nullité protégea sa fortune.

—

Il disait de Mirabeau, qui venait de se vendre à la cour (1790) :
— Il est capable de tout pour de l'argent, même d'une bonne action.

—

Et cette pensée humoristique n'est-elle pas charmante?
— C'est un terrible avantage de n'avoir rien fait, mais il ne faut pas en abuser.

—

Un poëte lui demandait son opinion sur un distique :
— J'y trouve des longueurs, répondit le malin critique.

—

Les répliques n'étaient pas ménagées à cet écrivain acerbe ; en voici une qui va nous donner une idée de celles qu'il dut accepter.

Après avoir endossé quelques coups de bâton de la main de Brigand-Bomier, Rivarol rencontra Champcenetz :
— Mon ami, lui dit-il, on ne peut faire un pas dans Paris sans qu'il vous tombe des bûches sur le dos.

— Je te reconnais bien là, lui dit Champcenetz qui connaissait « l'incident »; tu grossis toujours les objets.

—

A la première représentation de la *Folle Journée*, Beaumarchais, assis à côté de Rivarol, lui disait :

— J'ai tant couru ce matin que j'en ai les cuisses rompues.

— C'est toujours cela, répondit le caustique.

—

Et une autre fois :
— Beaumarchais ne cherche qu'à faire parler de lui, et, s'il venait à être pendu, je suis sûr qu'il demanderait la potence d'Aman.

—

Il disait du chevalier de P***, remarquable par sa malpropreté :
— Il fait tache dans la boue.
Et, parlant de la maladresse des Anglaises :
— On croirait qu'elles ont deux bras gauches.

—

M. de Calonne avait la manie de passer pour auteur, et la chronique dit que c'était Lebrun qui lui fournissait les vers qu'il s'attribuait ; aussi ce poëte était-il généreusement récompensé.

Le ministre lisait un jour à Rivarol une de ces pièces de vers, et demandait au courtisan d'un air satisfait ce qu'il en pensait, si ces vers sentaient le collége ?

— Oh ! non, monseigneur, mais quelque peu la pension.

—

Rivarol rencontre un jour Florian, dont un manuscrit sortait presque entier de la poche de son habit.

Comme il ne laissait jamais échapper l'occasion de lancer une épigramme, il lui dit :

— Oh ! monsieur de Florian, si l'on ne vous connaissait pas, comme on vous volerait !

—

L'abbé de Balivière disait à Rivarol en parlant de la Révolution :

— Oui, c'est l'esprit qui nous a tous perdus.

Et Rivarol de répondre :

— Il vous était cependant si facile de nous offrir l'antidote.

—

L'abbé Sieyès disait un jour à Rivarol :

— Permettez-moi de vous dire ma façon de penser.

Rivarol lui répondit :

— Dites-moi tout uniment votre pensée, et épargnez-m'en la façon.

———

Rivarol disait à une dame dont il voulait obtenir les bonnes grâces :

— Je veux bien vieillir en vous aimant, mais non mourir sans vous le dire.

———

Rivarol délaissait quelquefois les épigrammes pour émettre des aphorismes qui ne manquaient pas de justesse :

— Quand on est jeune, il faut trois jours de sagesse pour réparer trois mois d'excès ; quand on est vieux, pour réparer trois jours d'excès, il faut trois mois de sagesse.

———

Il définissait le *Tableau de Paris*, de Mercier : « un ouvrage pensé dans la rue et écrit sur la borne. L'auteur a peint la cave et le grenier en sautant le salon. »

Il ajoutait : « Ma vie est un drame si ennuyeux, que je soutiens toujours que c'est Mercier qui l'a fait. »

Et Mercier répliquait : « Mme du Deffand, aveugle, entrant dans une société, écoutait un de ces beaux parleurs que l'on cite, et qui vont répétant dans vingt maisons absolument le même thème :

« — Quel est, dit-elle, ce mauvais livre qu'on lit ici ?

« C'était M. Rivarol qui parlait. »

DE SÉGUR

Le vicomte de Ségur avait fait un opéra comique, le *Cabriolet jaune,* et quoiqu'il fût sifflé tous les soirs, il s'obstinait à le faire représenter.

— Mettez, lui disait un ami, votre *Cabriolet* sous la remise, il ne pourra jamais rouler.

— Cela m'étonne d'autant plus, répond l'auteur, que tous les jours on lui fait un nouveau *train.*

Un acteur de grand talent lui parlait un jour avec inconvenance.

— Mon cher ami, lui répond avec une grande douceur le vicomte de Ségur, vous oubliez que depuis la Révolution nous sommes égaux.

Alissan de Chazet lui demandait son avis sur toutes les démonstrations sympathiques et tous les hommages que Bonaparte reçut après le 18 brumaire.

— Mon ami, répondit le vicomte, ne vous y trompez pas ; c'est un homme que personne n'aime, et que tout le monde préfère.

M. de Ségur avait été soldat; il occupait depuis plusieurs heures un poste très-périlleux. Un de ses amis, aide de camp d'un général, l'ayant aperçu en passant, lui dit :

— Je te plains, mon pauvre vicomte, tu ne dois pas t'amuser beaucoup ici ?

— Que veux-tu, lui répond M. de Ségur : on est ici comme au bal de l'Opéra : on s'y ennuie mais on y reste.

COLLIN D'HARLEVILLE

Voici une anecdote qui donne à cet honnête homme le caractère de bonhomie que la tradition attribue à La Fontaine.

Arnaud Baculard, dit l'*Homme aux petits écus*, parce que chaque fois qu'il rencontrait une connaissance il lui empruntait un petit écu, apprend que Collin est malade. Il se rend chez son ami, sous le prétexte de savoir de ses nouvelles, et en réalité pour lui faire un « petit emprunt ».

En conversant avec le malade alité, Arnaud

aperçoit une pile d'écus de six livres sur la cheminée ; aussitôt l'idée d'un emprunt « forcé » s'empare de lui.

Tout en causant, il s'approche de la cheminée, s'empare des cent vingt livres qui y sont déposées, et les met bravement dans sa poche sans que Collin s'en aperçoive.

Le tour fait, Baculard abrége sa visite et s'en va; mais à peine est-il sorti que Collin s'aperçoit du larcin. Passer une robe de chambre, chausser des pantoufles est l'affaire d'un moment; il ne rejoint cependant son « emprunteur » que dans la rue.

— Mon bon ami, lui dit Collin tout essoufflé, c'est toi qui m'as pris mes cent vingt francs ?

— Oui, mon ami.

— Diable ! c'est que j'en ai absolument besoin.

— Et moi aussi, mon ami.

— Je ne plaisante pas ; il faut que je paye aujourd'hui soixante francs, qu'on va venir chercher tout à l'heure.

— Ah ça, Collin, est-ce que tu me crois capable de te laisser dans l'embarras pour soixante francs ? Tiens, les voilà.

— Ah ! je te remercie. C'est que, en vérité, je n'aurais su comment faire.

Et Collin d'Harleville rentra chez lui fort content.

Quand il racontait cette anecdote, il ajoutait :

— Je sais bien tout ce que l'on peut dire d'Arnaud ; mais au fond il a du bon, puisqu'il n'a pas voulu me laisser dans l'embarras.

VOLNEY

Quelques mots de Volney donneront à nos lecteurs une idée de son caractère.

Il disait en 1793, à la tribune de la Convention :

— Modernes Lycurgues, vous parlez de pain et de fer ; le fer des piques ne produit que du sang ; c'est le fer des charrues qui produit du pain.

Cela lui procura un séjour de dix mois dans les cachots, d'où il ne sortit que le 9 thermidor.

Après le 18 brumaire, Bonaparte lui fit présent d'un magnifique attelage ; mais Volney le refusa, comme il refusa quelques semaines après l'offre du ministère de l'intérieur.

— Le premier consul, dit-il, est un trop bon cocher pour que je puisse m'atteler à son char. Il voudra le conduire trop vite, et un seul cheval rétif pourrait faire aller chacun de son côté le cocher, le char et les chevaux.

On discutait un jour aux Tuileries une mesure dont on faisait ressortir les côtés avantageux sans tenir compte de ceux de l'humanité :

— Allons, c'est encore de la cervelle qu'il y a là, dit Volney en mettant sa main sur le cœur du premier consul.

Le mot avait été dit à Fontenelle, mais Volney était un érudit.

Quand l'empereur vint à percer sous le premier consul, Volney voulut donner sa démission de sénateur ; mais Napoléon avait fait prendre au Sénat la résolution de refuser toute démission, Volney fut donc sénateur malgré lui ; on l'affubla même quelques jours après du titre de comte.

A ce propos, il écrivait à un ami :

« Je suis toujours le même, un peu comme Jean La Fontaine, prenant le temps comme il vient et le monde comme il va ; pas encore bien accoutumé à m'entendre appeler : Monsieur le comte ; mais cela viendra... avec les bons exemples. »

ANDRIEUX

Bonaparte se plaignait un jour à Andrieux de l'opposition assez fréquente du Tribunat à ses volontés :

— Vous êtes de la section de mécanique à

l'Institut, répondit Andrieux, et vous savez qu'on ne s'appuie que sur ce qui résiste.

Andrieux était dans une situation de fortune voisine de la misère ; Fouché lui offrit un jour la place de censeur; Andrieux refusa, et comme le ministre insistait :

— Tenez, citoyen ministre, lui répond Andrieux, mon rôle est d'être pendu et non d'être bourreau.

M. Villemain disait d'Andrieux, qui avait la voix très-faible :

— Il se fait entendre à force de se faire écouter.

Au convoi de Lebrun, Lacretelle disait à Andrieux que tous ceux qui venaient lui rendre les derniers devoirs avaient été victimes de la malice du poëte et qu'ils avaient à lui reprocher quelque épigramme.

— Je suis le seul, répond Andrieux, qui n'ai jamais eu à me plaindre de lui.

— Vous ne connaissez donc pas l'avant-dernière épigramme qu'il a faite quatre jours avant de mourir ?

— Ma foi, non.

— Eh bien, je vais vous la dire.

Et Lacretelle cite à son collègue ce distique malin :

> Sœur Andrieux, un conte, un conte, entendez-vous?
> Si vous ne dormez pas, ma sœur, endormez-nous.

L'auteur des *Étourdis* ne manifesta aucune émotion et trouva même les vers très-jolis ; mais les bien informés prétendirent qu'il oublia dans sa poche un discours qu'il devait prononcer sur la tombe de Lebrun.

RAYNOUARD

Un jour, à propos d'un travail qu'il n'osait entreprendre, on lui disait :

— Vous le feriez, si vous vouliez ; vous pouvez faire tout ce que vous voulez.

— Ah! répondit-il, il y a pourtant une chose que je n'ai jamais pu faire, c'est de me marier. J'en ai bien eu envie une fois ; mais allant un jour chez ma future, j'entrai par la cuisine, où la domestique venait de laisser fuir le lait qui était sur le feu, et elle la grondait, mais sur un tel ton que je me suis dit : Ce ne sera pas pour cette fois encore.

Avec l'accent méridional de Raynouard, ça ne manquait pas de bouquet.

LATREILLE

Un savant n'est pas déplacé parmi les gens d'esprit; et puis l'anecdote est si touchante!

Necrobia ruficollis Latreillii salus

Ces mots latins se lisent sur la tombe du naturaliste Latreille au Père-Lachaise, et se traduisent par : « Nécrobie à collier roux, salut de Latreille. »

Voici la curieuse anecdote qui a donné naissance à cette inscription, et que nous empruntons au *Grand Dictionnaire* de M. P. Larousse.

Disons d'abord que la nécrobie est un petit insecte qui vit dans les cadavres ou sur les charognes.

« Le professeur Latreille était, à l'époque de la Terreur, détenu dans les prisons de Bordeaux, n'ayant guère en perspective que l'échafaud ou la déportation à Cayenne.

« Un jour, le médecin des prisons le trouva absorbé dans la contemplation d'un petit insecte; il ne put s'empêcher de lui exprimer son étonnement.

« — C'est la nécrobie à collier roux, lui dit Latreille; cette espèce est très-rare, on ne la trouve ordinairement que sur les cadavres, et je suis étonné de la rencontrer ici.

« — Mauvais signe, dit tout bas le médecin.

« — Je regrette, ajouta le naturaliste, de ne pouvoir la remettre à quelqu'un qui soit à même de l'apprécier.

« Le médecin pensa alors à Bory Saint-Vincent, qui habitait Bordeaux, et qui, connaissant Latreille, s'empressa de chercher à le délivrer.

« Un ami commun, Dargelas, se rendit auprès du représentant du peuple, et lui fit remarquer qu'un homme qui, dans des circonstances pareilles, ne songeait qu'à un insecte ne pouvait être un conspirateur ni un ennemi bien redoutable.

« Cette circonstance parut convaincante, et Latreille fut élargi sur-le-champ. Il fut toujours reconnaissant envers ses amis sans oublier l'insecte, et consigna ce fait dans ses ouvrages. »

Ce savant modeste, qui eut des moments bien difficiles à passer, disait, quand il succéda à Lamarck, en 1829, — il avait alors soixante-sept ans :

— On me donne du pain quand je n'ai plus de dents pour le manger.

MARTAINVILLE

Traduit devant le tribunal révolutionnaire en

1794, — il avait dix-sept ans, — Martainville était accusé d'avoir publié un pamphlet contre la République.

Le président l'ayant appelé *de* Martainville, il se leva et dit en riant :

— Citoyen président, je ne me nomme pas *de* Martainville, mais bien Martainville..... N'oublie pas que tu es ici pour me *raccourcir* et non pour me rallonger.

Le mot fit rire ses juges, qui ne riaient pas souvent, et l'accusé fut acquitté.

Ajoutons que cette réponse est regardée comme apocryphe.

—

Il avait été royaliste sous la République; cela ne l'empêcha pas de célébrer la naissance du roi de Rome.

On l'accusa d'avoir facilité le passage de la Seine aux Prussiens en 1814, ce qui donna lieu à cette épigramme de d'Arnault :

> Pour sa conquête d'Afrique
> A Scipion l'on applique
> Le surnom de l'Africain ;
> Pour une action perverse
> Ne peut-on, en sens inverse,
> Rendre célèbre ce faquin,
> Et nommer cette âme vile,
> Qui du Pecq livra la ville,
> Martainville le Pecquin.

—

Martainville plaidait contre un homme fort maigre qui se nommait Grassot. Il commença ainsi sa plaidoirie :

— Mon contradicteur, qui ne justifie que la moitié de son nom...

Les hommes de l'opposition ne ménageaient pas les épigrammes à l'écrivain royaliste.

Arnault avait trouvé à son nom une étymologie qui eut du succès :

— Il tient le commencement de son nom, disait-il, *Martin*, de son père, et la fin, *vile*, de sa mère.

S'étant battu en duel avec Arnault fils, il reçut un léger coup d'épée à la cuisse, ce qui faisait dire à d'Arnault père :

— Bah ! il ne l'a pas seulement senti, cela lui a produit l'effet d'un coup de bâton.

On répétait cette maxime devant Martainville : « Qui paye ses dettes s'enrichit. »

— Bah ! bah ! répondit-il, c'est un bruit que les créanciers font courir.

AMPÈRE

Ses distractions

Ce savant illustre était d'une distraction à rendre jaloux M. de Montausier; en voici quelques exemples :

Réfléchissant un jour sur la solution d'un problème important, il avise un omnibus en station, qu'il prend sans doute pour son tableau de démonstration; il couvre un des panneaux d'x, de +, de —, de ✕, etc. Il est sur le point d'arriver à la solution cherchée quand le sifflet du départ se fait entendre; le véhicule se met en route, et emporte l'équation non achevée.

Un plaisant disait qu'Ampère chercha longtemps, mais qu'il ne put jamais s'expliquer la cause de ce phénomène.

—

Un jour, Ampère, se rendant à son cours de la Sorbonne, trouve sur sa route un petit caillou qu'il ramasse, et dont il se met à examiner curieusement les veines bigarrées.

Tout à coup, le cours qu'il doit faire revient à son esprit.

Il tire sa montre, et, s'apercevant que l'heure approche, il double le pas, remet soigneusement le caillou dans sa poche et lance sa montre par dessus le pont des Arts.

———

C'est surtout à son cours de l'École polytechnique, au milieu de ses élèves, que ses distractions éclataient dans toute leur singularité.

Entre beaucoup d'autres, il lui arrivait souvent, quand il avait achevé une démonstration sur le tableau, d'essuyer les chiffres avec son foulard et de mettre dans sa poche le torchon traditionnel, après s'en être préalablement servi pour se moucher.

***

Sa naïveté

Ampère avait deux chats qu'à l'exemple de beaucoup d'illustres personnages il chérissait tendrement : l'un était un maître Raminagrobis, angora splendide de maturité ; l'autre était un petit chat, dont les folâtres cabrioles contrastaient avec la gravité de son camarade.

Ennuyé d'entendre ses animaux favoris gratter continuellement à la porte de son cabinet, Ampère fait venir un menuisier.

— Pratiquez-moi, dit-il, deux chattières au bas de cette porte, et surtout ayez soin d'en faire une grande et une petite, de façon à les proportionner à la taille de mes animaux.

— Oh! monsieur, répond l'ouvrier surpris, est-il bien nécessaire d'en faire deux? La grande suffirait bien.

— Eh bien! et le petit chat? comment fera-t-il pour entrer?

NODIER

Jeune, Nodier était au billard du matin au soir. Quand il rentrait, son père ne le grondait point, mais il le faisait mettre à une table, avec une écritoire, du papier et des livres, et là il le forçait à étudier jusqu'à deux et trois heures du matin.

C'est ainsi, dit M. F. Grille qu'il en a fait un homme habile, mais fort peu rangé, et que pourtant tout le monde aime et recherche.

Nodier faisait de belles promesses à Aimé Martin pour son entrée à l'Académie :

— Vous serez des nôtres, vous serez de l'Académie; je ne travaille que pour vous, je quête des boules; vous aurez le fauteuil.

Et Nodier, qui dînait souvent chez Aimé Martin, — il y avait là un cuisinier habile, et on y donnait des fêtes charmantes, — ne pensait pas du tout à donner sa voix à Aimé Martin, qui était la bête noire de Nodier.

— Et pourquoi? me direz-vous?

Ah! voilà, haine de bibliophile, presque aussi cruelle qu'une vendetta : Aimé Martin se trouvait souvent en concurrence chez Techener et autres illustres bouquinistes avec Nodier, et lui enlevait, — à son nez et à sa barbe, — un Elzevir, un Gryphe, etc.

Vous concevez que ce sont là des actes qu'un vrai bibliophile ne peut oublier.

Il y avait une discussion à l'Académie sur la prononciation de la lettre *t;* après bien des débats, un immortel, peu compétent en la matière, propose de prononcer le *t* comme un *c* quand il se trouverait entre deux voyelles.

Charles Nodier, souvent caustique, lui dit :

— Mon cher collègue, prenez *picié* de mon ignorance, et faites-moi l'*amicié* de me répéter la *moicié* des belles choses que vous venez de dire.

BÉRANGER

Après la révolution de Juillet, quelques amis de Béranger l'engageaient à demander une place au nouveau souverain.

— Quel ministère voulez-vous qu'on me donne? dit avec sa douce ironie le poëte.

— Celui de l'instruction publique, répliqua l'un de ses plus enthousiastes admirateurs.

— Soit; mais une fois en possession, je fais adopter mes chansons comme livre d'étude dans les pensionnats de demoiselles.

Et, à ces mots, les amis de Béranger se mirent à rire de leur folle idée.

MILLEVOYE

Voici une singulière appréciation d'un libraire sur une des conditions de sa profession.

Millevoye, — tout jeune, — était entré comme commis dans la librairie Treuttel et Würtz, espérant concilier son goût d'étude avec le commerce des livres.

Mais, un jour que le jeune Millevoye était absorbé dans sa lecture, le chef passa et lui dit:

— Jeune homme, vous lisez! vous ne serez jamais libraire.

Et, en effet, il ne le fut pas.

Le trait suivant prouve l'amour filial qu'il avait pour sa mère:

Un jour, l'archichancelier Cambacérès, chez qui il allait souvent, lui dit :

— Vous viendrez dîner avec moi demain.

— Je ne puis, monseigneur, répondit-il, je suis invité.

— Chez l'empereur, donc ? répliqua le second personnage de l'Empire.

— Chez ma mère, repartit le poëte.

DUPIN AINÉ

Les mots de ce célèbre avocat sont nombreux ; en voici quelques-uns — comme échantillons :

La tribune, disait-il, après une averse de discours insignifiants, ressemble à un puits : quand un *seau* descend, l'autre remonte.

M. Berryer, dans l'affaire des « flétris » de Belgrave square, ayant fait bondir sur son banc de douleur un des ministres de Louis-Philippe, le président Dupin agita bruyamment sa sonnette et dit d'un ton sévère :

— Si vous persistez dans cette voie, je serai obligé de vous rappeler à l'ordre.

Puis, tout bas :

— Tape dessus, tu es en verve !

———

Un député ennuyeux, — il y en a, — feuilletait des papiers pour y puiser des arguments qu'il avait écrits.

— Tu as beau mêler tes cartes, grommelait entre ses dents l'irascible président, tu ne trouveras pas d'atouts.

———

Dans un dîner où deux des convives se faisaient attendre, le maître de la maison demande à M. Dupin s'il ne pensait pas qu'il devait faire servir :

— Je suis de cet avis, dit le président, et d'autant plus qu'en dînant nous les attendrons, tandis qu'en les attendant nous ne dînerons pas.

———

Lorsque M. Thiers fut ministre en 1840, il y eut entre M. Dupin et cet homme d'Etat un petit orage qui se traduisit par une grêle d'épigrammes, dont Alphonse Karr se fit l'écho dans les *Guêpes*.

Un ami en parlait à Dupin :

— Bah ! dit-il, je me moque du *tiers et du quart*.

———

M. Abraham Dubois lisait un discours qui semblait ne devoir jamais finir. M. Dupin l'engagea à passer quelques pages. Mais le discours traînant toujours en longueur, M. Dupin revint à la charge, en lui disant avec un grand sérieux :

— Allons, Abraham, encore un sacrifice.

———

Il y avait à la Chambre, sous le règne de Louis-Philippe, un député nommé Pétou. Comme il ne cessait un jour de demander la parole, le président Dupin s'écrie d'un ton bourru :

— Il faut toujours que M. Pétou parle.
— Qu'il parle ! crie unanimement l'assemblée.

———

Le dernier mot parlementaire de ce sceptique fut adressé, dans la salle des conférences, le 2 décembre 1851, à un groupe de députés qui étaient parvenus à pénétrer dans le palais Bourbon :

— Messieurs, leur dit-il, la Constitution est violée ; nous avons pour nous le droit, mais nous ne sommes pas les plus forts. Je vous engage à vous retirer. J'ai bien l'honneur de vous saluer.

Voilà l'homme.

Quelques distiques sur M. Dupin.

Tout pouvoir à son tour peut dire : « Il est des nôtres ; »
Aux proscrits Dupin dur, Dupin mollet aux autres.

Pour reprendre son siége il n'est point indécis,
A soixante-quinze ans, c'est bien Dupin rassis.

Dupin, voulant rester au Palais-de-Justice,
Se vendra désormais comme Dupin d'épice.

Jamais ses auditeurs, plus ou moins ébahis,
Depuis son dernier speech ne crieront : Dupin, *bis!*

D'un citoyen, d'un homme il n'est qu'un faux semblant,
Il fut gris, il fut rouge, il serait Dupin blanc !

D'accord avec le diable, il a tant travaillé
Qu'il pourrait bien un jour être Dupin grillé.

Il me semble qu'on l'a par trop cher acheté ;
Car, voyez, c'est Dupin dernière qualité !

VILLEMAIN

Il n'était pas beau, ce grand esprit, mais il le savait.

Dans sa jeunesse, il courtisait une fort jolie femme ; un jour il lui dit :

— Madame, je suis si laid... on ne le croira pas !

Il fut toujours très-négligé dans sa toilette. On ne lui vit jamais de gants, jusqu'à son entrée au ministère, et il eut, comme beaucoup de grands esprits, l'originalité de peu se laver les mains.

Les professeurs avaient parodié son nom en latin : *Vilis manus*. Ils avaient arrangé pour lui ce vers de Boileau :

Et du savon dans l'eau ne sut jamais l'usage.

Un jour on attaquait avec une partialité injuste, selon lui, Scribe, qui venait d'être nommé académicien.

— Vous avez tort, dit-il; dans une armée, il ne faut pas que des maréchaux, il faut aussi des chefs de bataillon.

—

On sait que M. Villemain, étant ministre de l'instruction publique, fut subitement frappé de folie.

Un de ses amis intimes, apprenant cette fatale nouvelle, courut chez lui.

Il trouva le ministre très-pâle, les yeux brillants, les cheveux en désordre, la cravate dérangée. Le pauvre malade vint au-devant de son ami et lui prit les mains.

— Où avez-vous mal? lui demanda le visiteur.
— J'ai mal à l'âme! répondit M. Villemain.

Un autre ami lui demandait :
— Où souffrez-vous? Est-ce à la tête?

Il répondit :
— Non, plus haut!

Mme DE STAEL

Cette dame s'était fait présenter au général Bonaparte à son retour de l'armée d'Italie. Après quelques phrases louangeuses, Mme de Staël, espérant un compliment, lui dit :

— Voyons, général, quelle est la femme que vous aimez le plus ?

— La mienne.

— C'est tout simple ; mais, quelle est la femme que vous estimez le plus ?

— Celle qui sait le mieux s'occuper de son ménage.

— C'est encore très-naturel ; mais enfin, quelle est, pour vous, la première des femmes ?

— Celle qui fait le plus d'enfants, madame.

Je ne sais pas si la célèbre baronne était contente, mais les rires du cercle qui les entourait ne durent pas la flatter.

———

Elle prit sa revanche dans une autre réunion à laquelle assistait le général Bonaparte.

Mme de Staël, dans une dissertation très-spirituelle, venait de juger les différents partis qui avaient successivement gouverné la France.

Tout le monde applaudissait. Bonaparte seul se taisait. Elle s'en aperçut :

— Eh bien, général, est-ce que vous n'êtes pas de mon avis ?

— Madame, je n'aime pas que les femmes se mêlent de politique.

— Vous avez raison, général ; mais, dans un

pays où on leur coupe la tête, il est naturel qu'elles aient envie de savoir pourquoi.

—

Mme de Staël, voyant pour la première fois le général Wellington, dit :

— Il porte la gloire comme si ce n'était rien.

Puis elle ajouta, par un retour de patriotisme sans doute :

— Il faut pourtant convenir que jamais la nature n'a fait un grand homme à moins de frais.

—

Mme de Staël s'écriait dans un moment d'enthousiasme un soir dans son salon :

— Quel bonheur si l'on pouvait être reine pendant vingt-quatre heures ! Que de belles choses on dirait !

Ce qui faisait faire cette réflexion au comte de Sabran :

— Elle voudrait que le monde fût un salon, et en être le lustre.

—

Elle avait de l'orgueil, mais aussi que d'esprit et de nobles qualités !

— Tout comprendre, ce serait tout pardonner, disait-elle.

Mme de Tessé disait en parlant de cette dame :

— Si j'étais reine, j'ordonnerais à Mme de Staël de me parler toujours.

———

Mme de Staël fut accusée d'avoir participé d'une manière quelconque à la journée du 18 fructidor ; et cependant elle fit de généreux efforts pour sauver de malheureux proscrits de cette fatale affaire.

A ce propos, M. Devaines disait :

— C'est une excellente femme qui noierait tous ses amis pour avoir le plaisir de les pêcher à la ligne.

———

Cette dame n'aimait pas les bavards ; elle disait :

— Comment veut-on que je les écoute ? Ils ne se font pas l'honneur de s'écouter eux-mêmes.

———

Un monsieur qui connaissait la rancune que portait Mme de Staël à Napoléon Ier, croyant flatter la haine de l'auteur de *Corinne*, lui disait que Bonaparte n'avait jamais eu ni talent ni courage.

— Monsieur, lui répond sévèrement Mme de Staël, vous aurez beaucoup de peine pour me persuader que l'Europe s'est prosternée pendant quinze ans aux pieds d'un imbécile et d'un poltron.

———

Un joli trait du mari de cette dame :

M. de Narbonne venait de quitter le ministère; il n'avait pas profité, — comme tant d'autres, — de sa position pour rétablir sa fortune, et se voyait impitoyablement poursuivi par ses créanciers. Un ami indiscret apprend à Mme de Staël que M. de Narbonne va être conduit le même jour en prison s'il ne peut se procurer à l'instant la somme de 30,000 francs.

Alors, cédant à un mouvement d'une vive amitié, elle va trouver son mari, lui peint la triste situation du comte Louis, et lui demande s'il n'aurait pas un moyen de le sauver:

— Ah! vous me comblez de joie, lui dit M. de Staël.

Puis, tirant d'un portefeuille la somme qui devait assurer la liberté de M. de Narbonne, il la remet à sa femme, et ajoute d'un ton pénétré :

— Jugez de mon bonheur : je le croyais votre amant!

COUPIGNY

C'était un effréné pêcheur à la ligne. Un jour qu'il venait de passer une douzaine d'heures à son plaisir favori sans avoir rien pris, — selon son habitude, — il rencontre Lemaire, le poëte latin, qui lui dit :

— Sais-tu pourquoi tu n'as pas pris de poissons ?

— Parbleu ! cela n'est pas difficile à deviner : c'est qu'il n'y en avait pas.

— Oh ! ce n'est pas cela. Tu ne prends pas de poissons, parce que tes *vers* sont mauvais.

Coupigny fit la grimace.

———

Coupigny, qui faisait des romances assez fades, était un spirituel causeur, que l'on recherchait beaucoup.

Mais, malgré tout son esprit, il ne manquait pas d'une certaine naïveté : il avait été longtemps le commensal de Talma ; à la mort du grand tragédien, il s'attendait à figurer dans son testament. Talma l'avait oublié.

— Quelle ingratitude ! s'écria Coupigny ; un homme chez qui je dînais depuis plus de vingt ans ! et tous les mercredis !!!

———

CHATEAUBRIAND

Son insouciance pour l'argent

Chateaubriand donnait sans compter,— comme il dépensait. L'argent lui ruisselait des mains.

Lorsqu'il alla à Prague voir Charles X, l'ex-roi le questionna sur l'état de sa fortune.

— Je suis gueux comme un rat, répondit-il ; je vis pêle-mêle avec les pauvres de Mme de Chateaubriand.

— Oh ! ça ne finira pas comme ça, dit le roi ; voyons, Chateaubriand, combien vous faudrait-il pour être riche ?

— Sire, vous y perdriez votre temps. Vous me donneriez quatre millions ce matin que je n'aurais pas un patard ce soir.

—

Les embarras d'argent qui assaillirent la vieillesse de Chateaubriand le forcèrent à vendre d'avance ses *Mémoires d'outre-tombe* et à hypothéquer son cadavre. On lui fit une pension de 20,000 francs par an. Comme il ne mourait pas assez vite et que le marché devenait mauvais, on ne voulut plus lui donner que 12,000 francs. Il convint qu'il avait tort de tant durer et accepta la diminution.

CUVIER

Cuvier discutait un jour avec un jeune naturaliste un point d'anatomie et soutenait son avis sans prétention, tandis que son interlocuteur répétait à, chaque phrase : « Monsieur le baron ! monsieur le baron ! »

— Il n'y a pas de baron ici, lui dit doucement Cuvier ; il y a deux savants cherchant la vérité et s'inclinant devant elle.

PIXÉRÉCOURT

On avait conseillé à Meyerbeer, dans les premiers temps de son séjour à Paris, de choisir pour sujet de ses opéras des mélodrames de Pixérécourt, toujours riche en situations dramatiques.

Meyerbeer s'acquitta avec tant de conscience de sa tâche, qu'un jour, à un dîner chez la comtesse de Bruce, il put citer de mémoire le titre de toutes les pièces de Pixérécourt, — plus d'une centaine.

Pixérécourt, qui était un des convives, s'écria :

— Comme ce gaillard-là, quoique Prussien, connaît la littérature française !

SOPHIE GAY

Viennet disait un jour, en parlant de Lamartine :

— C'est un fat qui se croit le premier homme

politique de son époque, et qui n'en est même pas le premier poëte.

Mme Sophie Gay, qui était une admiratrice du grand poëte, ne pouvant réprimer un mouvement d'humeur, riposta :

— En tout cas, ce n'est pas non plus le dernier : la place est prise.

SOUMET

Soumet disait à son ami de collége Guiraud, qui pérorait, discutait, criait, bredouillait : « Guiraud, tu parles si haut qu'on ne t'entend pas. »

Il lui disait encore : « Guiraud, prends garde ! tu vis comme les dieux ; tu te nourris d'ambroisie, tu manges la moitié de tes vers. »

Et à propos de son gendre, M. ***, savant modeste : « C'est un homme de mérite, il sait se taire en sept langues. »

D'ARLINCOURT

M. de Feletz disait à propos du *Solitaire*, roman du vicomte d'Arlincourt qui avait eu d'innombrables traductions :

— Le *Solitaire* a été traduit dans toutes les langues, excepté en français.

Il fit représenter en 1827, au Théâtre-Français, une tragédie, le *Siége de Paris*, qui tomba sous les rires du parterre, et il y avait motif ; oyez cet échantillon :

J'habite à la montagne, et *j'aime à la vallée*

Et cet autre vers :

Mon père en ma prison seul *à manger m'apporte*.

Un spectateur, n'y pouvant plus tenir, s'écrie :

Certe, il fallait qu'il eût la mâchoire bien forte !

SCRIBE

Une belle action

Ce fut Scribe qui la fit, et elle a été racontée d'une façon charmante par M. Legouvé :

Scribe passait l'automne à la campagne chez des amis. On employait les soirées à lire des romans anglais.

La lectrice était une pauvre institutrice, qui, un jour, dans un entr'acte de lecture, dit en soupirant :

— Ah! si je pouvais jamais réaliser mon rêve!

— Et quel est donc votre rêve, mademoiselle? lui demanda Scribe.

— D'avoir quelque jour, dans un bien long temps, douze cents livres de rente, qui me donneraient l'indépendance et le repos.

A quelque temps de là, un soir, après le dernier chapitre d'un roman assez insignifiant, Scribe dit tout à coup à la lectrice :

— Savez-vous, mademoiselle, qu'il y a là un fort joli sujet de comédie en un acte : c'est vous qui me l'avez fourni; voulez-vous que nous fassions la pièce ensemble?

Vous jugez si elle accepta.

Trois jours après, Scribe descend au salon avec la comédie achevée, et trois mois plus tard, on annonce la première représentation.

Scribe se rend chez son agent dramatique :

— Aujourd'hui, lui dit-il, on donne une pièce de moi, où j'ai une collaboratrice. Quel sera le succès de l'ouvrage? je l'ignore; mais ce que je sais, c'est que cette comédie rapportera douze cents francs par an à ma collaboratrice tout le temps de sa vie : arrangez-vous pour que cela ait l'air naturel.

Peut-on faire un don princier d'une manière plus délicate?

Ecoutez la fin.

Affriandée par ce succès, l'institutrice trouvait

sans cesse dans les romans anglais de nouveaux sujets de comédie et les apportait à Scribe, qui déclinait l'offre en souriant. Aussi quand on faisait l'éloge de cet auteur devant l'institutrice, répondait-elle :

— Oh! oui, c'est un charmant jeune homme; mais, enfin, il est un peu ingrat, car nous avons fait ensemble une pièce très-jolie, puisqu'elle nous rapporte à chacun douze cents francs par an, et il ne veut plus en faire d'autres!

Et le brave homme n'éclaira jamais cette pauvre demoiselle sur la source de son revenu.

LAMARTINE

Sa modestie

M. Legouvé raconte ce trait charmant de modestie du grand écrivain :

— Expliquez-moi, disait un jour M. Legouvé à Lamartine, un fait inexplicable. J'aime également les vers de La Fontaine et les vôtres; j'ai une égale facilité à les apprendre; j'ai un égal plaisir à me les répéter; mais au bout de six mois je sais encore les vers de La Fontaine, et je ne sais plus les vôtres. Pourquoi?

— Je vais vous le dire, répondit Lamartine;

La Fontaine écrit avec une plume et même avec un burin, moi avec un pinceau; il grave, je colore; ses contours sont précis, les miens sont flottants. Il est donc tout simple que les uns s'impriment et que les autres s'effacent.

———

Lamartine pouvait, — par modestie, — ne pas se croire un grand poëte, mais à coup sûr il se croyait un grand architecte.

Montrant un jour à un visiteur un petit portique affreux, enluminé d'un coloris criard et formé de deux colonnes, appartenant à... tous les ordres, il lui disait :

— Mon cher, dans cinquante ans, on viendra ici en pèlerinage; mes vers seront oubliés, mais on dira : Il faut avouer que ce gaillard-là bâtissait bien!

———

La lecture de *Jocelyn* avait excité chez Béranger un véritable enthousiasme :

— O mon ami, disait-il à Lamartine, c'est un chef-d'œuvre de poésie, d'émotion, d'inspiration!

Puis, avec ce sourire narquois qui lui était propre, il ajoutait :

— Quel malheur qu'il y ait là trois ou quatre cents vers que vous avez fait faire par votre concierge!

Et Lamartine riait et répétait le mot qu'il trouvait très-amusant.

**

Le parti de Lamartine

Quand, en 1832, Lamartine alla siéger à la Chambre des députés, un de ses amis lui disait :

— De quel parti serez-vous?

— Du parti social.

— Social, lui fut-il répondu, qu'est-ce que cela signifie? Ce n'est qu'un mot.

— Non, dit Lamartine, c'est une idée.

— Mais encore, où siégerez-vous? Il n'y a place pour vous sur aucun des bancs de la Chambre.

— Eh bien, répliqua-t-il avec un demi-sourire confiant et moqueur, je siégerai au plafond.

Et de fait, jusqu'en 1848, Lamartine fut toujours seul de son parti.

**

Présence d'esprit

En 1848, une députation de Vésuviennes fut reçue à l'Hôtel-de-Ville par Lamartine.

— Citoyen, dit l'une d'elles, les Vésuviennes ont tenu à t'envoyer une députation pour t'exprimer toute l'admiration que tu leur inspires. Nous sommes ici cinquante, et, — au nom de toutes les autres, — nous avons mission de t'embrasser.

Ces dames n'étaient pas belles; se laisser embrasser par elles n'était pas un agrément.

Lamartine répond :

— Citoyennes, merci des sentiments que vous me témoignez. Mais laissez-moi vous le dire : des patriotes telles que vous ne sont pas des femmes, elles sont des hommes. Entre hommes, on ne s'embrasse pas, on se tend la main.

Ce fut ainsi que Lamartine échappa à cinquante baisers.

**

Un exemple de la prodigalité de Lamartine

Nous voudrions conter le fait suivant avec tous les charmants détails dont l'orne M. Legouvé; malheureusement la place nous manque; en voici une analyse bien sèche :

Lamartine et M. Legouvé vont rendre visite à l'hôpital Saint-Louis à un pauvre poëte phthisique, nommé Lebailly. La conversation fut de la part de Lamartine un mélange de bonté de père et de bonté de poëte; il parlait à Lebailly de ses vers, il lui en citait même quelques-uns. Puis, au moment de se retirer, voyant que le malade voulait accompagner ses visiteurs jusqu'à la porte :

— Prenez mon bras, lui dit-il, et appuyez-vous sur moi.

Tous les malades se découvraient devant cette gloire soutenant cette faiblesse.

Le jeune poëte était radieux:

Remontés dans la voiture qui les avait amenés, Lamartine dit à son ami :

— Ce pauvre jeune homme est bien malade, mais il n'est pas à la veille de mourir. De longs soins lui seront encore utiles. Joignez ces cinq cents francs à ce que vous lui donnerez.

Trois jours après, M. Legouvé apprenait que Lamartine était poursuivi dans le même moment pour une somme de quatre mille francs, qu'il ne pouvait payer!

———

Ce grand poëte ne dédaignait pas la réclame : Un jour, un de ses amis lui faisait quelques observations sur l'excessive publicité faite pour sa fameuse loterie :

— Que voulez-vous? répondit-il; le bon Dieu lui-même a besoin qu'on l'annonce : il a ses cloches.

———

Lamartine vieilli s'habillait encore comme un jeune homme, avec une redingote étroite qui le serrait à la taille et un pantalon collant.

Lorsque l'Académie française reçut M. de Laprade, Lamartine voulut assister à la réception de son fidèle élève. Il vint s'asseoir, — cassé, courbé et blanchi, — au milieu de ses collègues.

Or, il arriva qu'au début de la séance, comme il finissait de prendre une prise de tabac et qu'il se penchait pour se moucher dans un foulard à carreaux, M. de Laprade se tourna vers lui et le désigna à l'assemblée par cette périphrase toute poétique :

« L'amant d'Elvire ! »

Tout le monde sourit. M. de Lamartine seul garda son sérieux.

VATOUT

C'était un joyeux compère que M. Vatout ; sa chanson du *Maire d'Eu*, — qui faisait fureur à la cour de Louis-Philippe, — en est la preuve ; elle est malheureusement trop longue pour que nous la puissions citer.

Voici une anecdote qui a le même « parfum » que la chanson.

Un administrateur faisant visiter sa commune au roi, celui-ci voulut s'engager dans une ruelle où se trouvaient des « œufs » que les poules n'avaient pas pondus.

— Ah ! disait le maire, si j'avais su que Votre Majesté passât par ici, je les eusse fait enlever.

— Vous n'en aviez pas le droit, s'écria M. Vatout qui accompagnait le roi; ils avaient leurs papiers.

———

Mme de Girardin raconte dans ses *Lettres parisiennes* :

Un des plus francs moqueurs entre les journalistes rencontra chez un jeune député de ses amis M. Vatout, qu'il avait longtemps poursuivi de ses épigrammes, mais qu'il ne connaissait point.

La conversation était fort animée, les questions étaient fort importantes, et chacun, par la sympathie des idées, se trouva entraîné à dire sa pensée avec une franchise dont il était surpris.

Après une grande heure, M. Vatout se retira.

A peine avait-il fermé la porte :

— Voilà, ma foi, un homme qui me plaît! s'écria le journaliste; toutes ses idées sont les miennes; comment l'appelez-vous?

— C'est M. Vatout.

— Quoi! c'est là Vatout sur qui j'ai dit tant de folies! Eh bien, ce n'est pas du tout comme cela que je me le serais figuré, d'après le portrait que j'ai fait de lui.

———

MALITOURNE

Voici quelques pensées de cet auteur fécond,

qui a si souvent mis sa plume à la disposition de ses amis :

Il disait de Chateaubriand : « C'est le républicain le plus dévoué à la monarchie. »

Sous la Restauration, il écrivait : « Je serai tranquille sur l'avenir de nos princes légitimes lorsqu'ils croiront être rentrés chez nous et non chez eux. »

Le docteur Véron lui demandait un jour de se souvenir de quelques-uns de ces traits qu'il jetait avec tant d'abondance dans ses conversations.

—Il en est, répondit-il, de mon esprit comme de mon argent : je n'ai jamais pu prendre sur moi d'écrire ma dépense.

Il passait pour être la nymphe Égérie du docteur Véron ; aussi quelqu'un disait lors de la maladie qui devait emporter Malitourne :

— Ce doit être un coup bien cruel pour le docteur ?

— Je crois bien, répond quelqu'un ; il *en perd l'esprit.*

MÉRY

On demandait un jour à Méry quelles étaient ses opinions politiques.

— Mon Dieu, répondit-il, cela dépend de l'homme avec lequel je cause.

—

Méry était l'homme le plus frileux de la création. On le voyait se promener sur les boulevards, par les beaux jours de printemps, recouvert d'un manteau sous lequel il grelottait.

Un jour, il fait venir son médecin et lui dit qu'il est gravement indisposé ; c'était à l'époque des premiers froids.

Celui-ci arrive et trouve son malade devant un grand feu et entouré de trois ou quatre couvertures de laine.

— Qu'avez-vous donc? lui demande le docteur.

— Ce que j'ai, répond Méry, j'ai l'hiver.

—

En soirée, une jeune et charmante femme demandait à Méry :

— Dites-moi, monsieur, ce que vous aimez le plus et ce qui vous inspire le mieux.

— De jour, le soleil ; de nuit, les étoiles ! répondit galamment le poëte marseillais, en admirant les yeux de la belle questionneuse.

—

On sait que Méry avait au suprême degré le don de l'improvisation poétique et des saillies.

En voici un exemple :

Il voyageait en Italie avec un jeune écrivain de ses amis. Les deux touristes arrivèrent à Gênes. Gênes est, comme on sait, une ville de marbre. Harassés de fatigue, les amis se couchèrent après un copieux repas, nécessité par des courses excessives dans la campagne.

Le jeune homme dormit comme on dort à son âge ; Méry ne put fermer l'œil, tant sa couche était dure. Après un léger assoupissement que Morphée lui envoya vers l'aube, comme pour lui faire sentir le prix du sommeil qu'il n'avait pas goûté, l'infortuné poëte répondit par l'improvisation suivante à l'hôte qui lui demandait s'il avait bien dormi :

> Bienheureux est l'homme indigène,
> Qui du ciel a reçu le don
> De dormir dans l'état de gêne
> Que cause un pareil édredon !
> Comme un éléphant sur un arbre,
> J'ai passé ma première nuit ;
> A Gênes, on fait tout de marbre...,
> Jusqu'aux matelas de mon lit !

Un soir, on jouait aux logogriphes dans le salon de Mme C... P..., qui proposa le suivant :

> Je réveille
> A merveille
> Un petit
> Appétit !

> Que l'on mette.
> Bas ma tête,
> En oiseau
> Gros et beau,
> Chose étrange !
> Je me change.

Le logogriphe était un impromptu de Méry, et ce fut un gastronome qui en devina le mot : *moutarde*, qui, en retranchant l'*m*, fait *outarde*.

H. DE BALZAC

La grand'mère de l'illustre romancier aimait à raconter cette anecdote de l'enfance de son petit-fils.

Il y avait, à la maison paternelle, un gros chien de garde avec lequel Balzac s'était intimement lié, on l'appelait Mouche.

Un soir que la grand'mère avait fait venir la lanterne magique, Honoré, n'apercevant pas parmi les spectateurs son ami Mouche, se lève en criant d'un ton d'autorité :

— Attendez.

Il sort du salon, puis revient amenant le bon chien à qui il dit :

— Mouche, assieds-toi là et regarde; ça ne te coûtera rien, c'est bon papa qui paye.

Et le chien, sur cette assurance probablement, assista gravement à la représentation.

Les toquades de Balzac

Elles furent nombreuses ; en voici quelques-unes que nous glanons dans des champs riches et variés, les *Souvenirs d'un libraire* de Werdet, le *Balzac* de Théophile Gautier, *Balzac en pantoufles* de Gozlan, etc.

Une nuit, il vient réveiller Laurent-Jan pour l'emmener immédiatement chez le grand Mogol :

— J'ai une bague qui vient en ligne droite de Mahomet ; il me donnera en échange des tonnes d'or.

Et comme Laurent-Jan préféra continuer son somme, plutôt que de prendre immédiatement une chaise de poste pour courir après ce trésor fantastique, Balzac, qui l'aimait beaucoup, le bouda pendant... douze heures.

———

Henri Monnier fut un jour accosté par l'auteur de la *Comédie humaine*, sur le boulevard.

— J'ai une idée sublime, lui dit Balzac.

— Peste ! Voyons votre idée.

— Voilà : je loue une boutique sur le boulevard des Italiens: Tout Paris passera devant, n'est-ce pas?

— Oui ; après ?

— Après, j'y établis un fond de denrées coloniales, et j'inscris au fronton en lettres d'or :

HONORÉ DE BALZAC, ÉPICIER

Cela fera scandale ; tout le monde voudra me voir servant la pratique, orné de la classique serpillière. Je gagnerai cinq cent mille francs, la chose est certaine. Voici mon raisonnement : il passe journellement tant de personnes sur le boulevard, elles ne manqueront pas d'entrer chez moi. En admettant que chacune ne fasse qu'un sou de dépense, comme je gagne moitié sur la marchandise, cela fait tant par jour, par conséquent tant par semaine, ce qui me donne par mois la somme de...

Et là-dessus, il se lançait à perte de vue dans des chiffres merveilleux de bénéfice.

Monnier, après l'avoir écouté attentivement, lui dit avec la gravité qu'il prêtait à Joseph Prudhomme.

— Avancez-moi cent sous sur l'affaire.

—

Toutes ses idées n'étaient cependant pas à dédaigner, car si nous en croyons Mme Surville, un individu s'en appropria une qui lui fit probablement faire fortune.

Un jour il disait à sa sœur :

— Les Romains étaient peu expérimentés dans l'exploitation des mines ; ils ont laissé des richesses dans leurs scories. Des savants de l'Institut, que j'ai consultés, le pensent comme moi, et je pars pour la Sardaigne.

— Tu pars pour la Sardaigne, et avec quoi ?

— Je parcourrai ce pays à pied, le sac sur le dos, vêtu comme un mendiant, faisant peur aux brigands et aux moineaux ; j'ai tout calculé, six cents francs me suffiront.

Il fit ce voyage en 1833 et rapporta du minerai qui contenait beaucoup de métal.

Malheureusement Balzac était bavard ; dans la traversée, il raconta ses projets ; quand il demanda la concession, on lui dit qu'elle avait été accordée au capitaine du bâtiment, une des personnes qui l'écoutaient dans le voyage avec le plus de plaisir.

—

Théophile Gautier raconte que Balzac le fit venir un matin chez lui :

— Je lis demain un grand drame en cinq actes à Harel.

— Et vous désirez avoir mon avis, dit Gautier en s'établissant dans un fauteuil, comme un homme qui se prépare à subir une longue lecture.

Balzac devina la pensée de Gautier à son attitude :

— Le drame n'est pas fait, répondit-il ; mais nous allons bâcler le *dramorama* pour toucher la monnaie. Je vais avoir une échéance bien chargée.

— D'ici à demain, objecta son interlocuteur, c'est impossible ; on n'aurait pas le temps de le recopier.

— Voici comment j'ai arrangé la chose ; vous ferez un acte, Ourliac un autre, Laurent-Jan le troisième, de Belloy le quatrième, moi le cinquième, et je lirai à midi, comme il est convenu. Un acte de drame n'a pas plus de quatre ou cinq cents lignes ; on peut faire cinq cents lignes de dialogue dans sa journée et dans sa nuit.

— Contez-moi le sujet, indiquez-moi le plan, dessinez-moi en quelques mots les personnages, et je vais me mettre à l'œuvre, répondit Théophile quelque peu effaré.

— Ah ! s'écria Balzac avec un air de dédain magnifique, s'il faut vous conter le sujet, nous n'aurons jamais fini.

Ce drame, c'était *Vautrin*.

Les Jardies

On en a conté de toutes les couleurs à propos

de cette habitation du grand romancier : la maison, construite sur les plans de Balzac, n'avait pas d'escalier pour monter au premier étage ; il répara cet oubli en mettant, comme il le disait, « l'escalier à la porte, » ce qui voulait dire en dehors de la maison.

Il espérait cultiver en grand, aux Jardies, des ananas, dont il voulait faire un immense commerce, il avait calculé que cela lui rapporterait 200,000 francs par an. A sa première récolte, il vit que les ananas lui revenaient à 20 francs pièce.

A propos de cette acquisition des Jardies, un ami de Jules Janin lui disait :

— Eh bien ! voilà Balzac devenu propriétaire. Il se fait bâtir une magnifique *villa* près de Ville-d'Avray.

— Tant mieux, répondit Janin, avant un an cette propriété sera à vendre, je l'achèterai.

Janin ne l'acheta pas, et il fit bien.

—

Cette petite et maussade propriété était située sur la route qui va de Ville-d'Avray à Sèvres. Léon Gozlan en a fait ce croquis :

« Il serait, je crois, difficile à un arbre de quelque dimension de prendre racine sur un sol aussi diagonal. Les peintres décorateurs de théâtre ont le droit de le trouver extrêmement original; mais il est furieusement antipathique au plaisir de la promenade. Les jardiniers-architectes, sous la direction fantasque de Balzac, ont dévoré des mois entiers pour soutenir à force d'art, et de petites pierres, tous ces plateaux successifs, toujours disposés à descendre gaiement les uns sur les autres à la moindre pluie d'orage.

« Pourtant un seul arbre, un arbre acrobate, un noyer d'assez belle venue était parvenu à prendre pied sur cette pente périlleuse. Sur un plateau de quelques mètres, il avait assis sa domination isolée. »

Aventures d'un mur de jardin

Il donna bien du tourment à Balzac, ce mur ; on le reconstruisit cinq ou six fois, et toujours il s'effondrait chez le voisin.

Enfin Balzac finit par acheter le morceau de terrain dans lequel son mur se plaisait tant à se coucher.

Le jour où cette affaire fut conclue, il disait avec satisfaction à son ami Gozlan :

— C'est cher, mais cet égal, on est toujours bien heureux de pouvoir s'écrouler chez soi : mon pauvre mur pourra du moins mourir dans son lit.

Victor Hugo aux Jardies, et un noyer qui rapporte 1,500 fr. de rente

Victor Hugo était allé déjeuner aux Jardies. Après le repas Balzac lui fit voir les « beautés » de sa propriété. Le poëte fut très-sobre d'éloges, cela se conçoit ; mais en arrivant devant le noyer dont nous avons parlé, il s'écria :

— Enfin, voilà un arbre !

Balzac, tout heureux de ce cri de satisfaction, répond :

— Oui, c'est un fameux arbre encore. Savez-vous ce qu'il rapporte ?

— Comme c'est un noyer, je présume qu'il rapporte des noix.

— Vous n'y êtes pas : il rapporte quinze cents livres par an.

— De noix ?

— Non pas de noix, il rapporte quinze cents francs d'argent.

— Mais alors ce sont des noix enchantées, dit Victor Hugo.

— A peu près, voici : j'ai acheté ce noyer à la commune à un prix élevé parce qu'un vieil usage oblige tous les habitants de Ville-d'Avray à déposer leurs immondices au pied de cet arbre séculaire.

Hugo recula.

— Rassurez-vous, lui dit Balzac, le noyer n'a

pas encore repris ses fonctions depuis que je le possède.

Et voilà Balzac qui énumère tous les profits que va lui rapporter cet arbre vespasien, au pied duquel on va déposer des montagnes d'engrais qu'il vendra aux fermiers, vignerons, maraîchers, propriétaires voisins, etc.

— C'est de l'or en barres que j'ai là ; enfin, tranchons le mot, c'est du guano comme en déposent sur les îles solitaires de l'Océan pacifique des myriades d'oiseaux.

— Ah ! oui, repartit Hugo avec son flegme olympien, c'est du guano, moins les oiseaux.

***

Une admiration sincère

Balzac rencontre Gozlan sur les boulevards ; il est trois heures, le grand romancier n'a pas encore déjeuné, il emmène son ami dans une pâtisserie anglaise de la rue Royale.

— Des petits pâtés au macaroni ! s'écrie Balzac ; nous les prenons tous.

— Voilà, messieurs, dit une jeune demoiselle anglaise.

Balzac dépose des volumes sur une table.

— Savez-vous quel est cet ouvrage, dit-il à Gozlan ?

— Non, mon cher Balzac.

Au nom de Balzac, la jeune Anglaise qui les servait s'arrête brusquement, elle ne respire plus, « elle s'épanouit comme une belle rose au soleil levant ; » c'était une fascination.

— C'est, continue Balzac qui ne s'aperçoit de rien, le *Lac Ontario* de Cooper.

Et le voilà qui se met à faire une digression enthousiaste du grand romancier américain, oubliant son grand appétit, oubliant l'endroit où il est, oubliant tout.

— Mais vous ne mangez pas, lui dit Gozlan ?

— Vous avez raison.

Et en trois ou quatre bouchées de Gargantua, il avale en riant, en louant Cooper, en se promenant dans la boutique, deux pâtés au macaroni, puis encore deux autres, à la stupéfaction de la jeune Anglaise, toute surprise de voir manger si goulûment un homme qu'elle supposait sans doute devoir se nourrir de fleurs, d'air et de parfum.

— Combien vous dois-je, mademoiselle ? dit Balzac avant de sortir.

— Rien, monsieur de Balzac, répond la jeune fille avec un accent résolu qui n'admettait pas de discussion.

Balzac regarda son ami, ne sachant comment répondre à ce galant procédé.

Puis présentant à la jeune Anglaise le roman de Cooper :

— Je n'aurai jamais tant regretté, mademoimoiselle, de n'en être pas l'auteur.

Et il laissa le roman dans les mains de sa naïve mais bien sincère admiratrice.

*

Où Balzac allait se chauffer quand il rendait visite à Mme de Girardin.

Balzac rencontre Gozlan dans les Champs-Elysées ; il sortait de chez Mme de Girardin, qui habitait alors le temple grec qui faisait le coin de la rue de Chaillot.

— Comprend-on, dit-il à son ami, qu'une femme — supérieure à tous les titres comme Mme de Girardin — ait consenti à habiter le plus impossible des logements, sous un abominable ciel comme le nôtre ? Habiter un temple quand on n'est pas un dieu ! c'est-à-dire quand on n'a pas le privilége de se mettre à l'abri, par sa nature divine, des rhumatismes et des fluxions ! un temple avec portique, colonnes ioniennes, pavé de mosaïque, revêtements de marbre, murs en stuc poli, corniches d'albâtre, et autres agréments grecs, par quarante-huit degrés cinquante minutes de latitude nord ! Et sous prétexte que nous sommes au mois de juin, aucun feu dans la cheminée ! D'ailleurs toute la forêt de Dodone, sciée en trois traits, ne suffirait pas pour chauffer un pareil monument. Mais autant vaudrait, ma parole d'honneur ! recevoir ses amis sur la mer de glace en Suisse. Aussi, quand Mᵐᵉ Girardin, me voyant me lever pour partir, m'a dit : « Vous nous quittez déjà, de Balzac? » je n'ai pu m'empêcher de lui répondre : « Oui, madame, je vais dans la rue me réchauffer un peu. »

.

Balzac ne peut rencontrer un homme qui lui apprenne de quelles plantes se compose un champ d'herbes

Quand il fit le *Lys dans la vallée,* il voulut connaître les noms de ces petites herbes que l'on foule partout.

Il s'adresse d'abord à son jardinier :

— Ah! monsieur, rien de plus facile que de vous apprendre ça.

— Eh bien, dis-le moi, puisque c'est si facile.

— Ça, c'est de la luzerne; ça, c'est du trèfle; ça, c'est du sainfoin; ça...

Je l'arrêtai.

— Mais non, mais non, je te demande commen tu appelles ces milliers de petites herbes-là que nous foulons, que j'arrache! tiens!

— Eh bien, monsieur, c'est de l'herbe.

— Mais le nom de ces myriades d'herbes longues, courtes, droites, courbées, douces, piquantes, rudes, veloutées, humides, sèches, vert foncé, vert pâle.

— Eh bien, je vous le dis : c'est de l'herbe.

Jamais il ne put obtenir d'autre définition.

Un savant de ses amis vient le voir ; il va profiter de cette aubaine :

— Vous qui êtes botaniste et qui avez beaucoup voyagé, connaissez-vous ces petites herbes qui courent partout sous nos pieds?

— Parbleu! lui répond son ami.

— Eh bien, dites-moi les noms de celles-ci.

Et il lui mettait une poignée d'herbe dans la main.

— C'est que... voyez-vous, lui répond son ami après quelques minutes d'examen, je ne possède guère à fond que la flore du Malabar... Si nous étions dans l'Inde, je vous dirais sans hésiter les noms de ces mille et mille petites plantes ; mais ici...

— Vous êtes aussi ignorant que moi?

— Je l'avoue, répond le voyageur.

De rage, Balzac court au Jardin des Plantes et s'adresse à un des plus savants professeurs de l'établissement.

— Oh! monsieur de Balzac, lui dit le célèbre naturaliste, que me demandez-vous là? Nous nous occupons beaucoup de la famille des larix, de celle non moins intéressante des tamarix ; mais notre vie n'y suffirait pas, s'il fallait que nous descendissions à ces petites herbes de rien du tout. C'est là une affaire de marchand de salade. Plaisanterie à part, où placez-vous votre roman ?

— En Touraine.

— Eh bien, le premier paysan venu vous apprendra, en Touraine, ce qu'aucun professeur ne saurait vous dire ici.

Et Balzac terminait :

— Je partis pour la Touraine, où je trouvais des paysans aussi ignorants que mon jardinier, mais pas plus ignorants que mon voyageur, aussi ignorants que les professeurs du Jardin des Plantes.

**

Balzac millionnaire

Quelqu'un disait à Balzac :

— On croit que vous êtes millionnaire. Tout Paris prétend que vous possédez un million, un million que vous cachez.

— Ah ! je possède un million ! s'écrie-t-il en couvrant de ses yeux solaires son interlocuteur ; ah ! je cache un million ! Eh bien, oui, je cache un million...

Et il ajouta :

— Dans un pot à beurre.

Et son doigt, courbé en serre d'oiseau, indiquait l'orifice du pot à beurre où il avouait avoir enterré son million.

Pourquoi Balzac ne fut pas de l'Académie

Balzac fit deux tentatives pour entrer à l'Académie. Quand le docte aéropage dut délibérer, on donna pour prétexte du refus « qu'il n'était pas dans un état de fortune convenable. »

« Puisque l'Académie ne veut pas maintenant de mon honorable pauvreté, écrivit à cette occasion Balzac à Charles Nodier, il faudra bien que plus tard elle se passe de mes richesses. »

BÉQUET

Ce rédacteur des *Débats*, qui avait beaucoup d'esprit, s'enivrait régulièrement une fois par jour ; il mourut à trente-huit ans de cette funeste passion.

Son père, lui reprochant ses dettes, lui disait qu'il devait à Dieu et au diable.

— Arrêtez-vous, mon père, lui répondit Béquet, vous venez justement de citer les deux seules personnes à qui je ne doive rien.

C'est de cet écrivain, le fameux article des *Débats* qui se terminait par cette phrase : « Malheureuse France ! malheureux roi ! »

ROMIEU

L'auteur du *Spectre rouge*, avait eu dans sa jeunesse un goût très-prononcé pour la plaisanterie.

Il reçut un jour un manuscrit d'un *fruit sec* d'une école quelconque, accompagné du billet suivant :

« Monsieur, je vous adresse un vaudeville que je vous prie de lire avec la plus grande attention ; j'accepte à l'avance les changements que vous croirez devoir y faire. Seulement, je dois vous dire que je suis très-chatouilleux sur le chapitre des observations. »

Quelques jours après, M. Romieu renvoie le manuscrit à son auteur avec cette réponse :

« Monsieur, j'ai lu votre manuscrit avec la plus grande attention : je vous laisse le choix des armes. »

La plaisanterie n'eut pas de suites sérieuses.

Romieu entre un jour chez un horloger du Palais-Royal dans l'intention de le mystifier.

— Monsieur, lui dit-il avec un accent britannique très-prononcé, qu'est-ce que ces petites machines accrochées à votre devanture ?

— Monsieur, ce sont des montres, répondit

l'horloger en en mettant une entre les mains de Romieu.

—Ah! des montres! et à quoi cela sert-il?

— A indiquer l'heure, monsieur.

— A indiquer l'heure! Et de quelle façon?

L'horloger s'épuise en démonstrations, et arrive enfin à lui faire comprendre comment il faut remonter la montre, et cela toutes les vingt-quatre heures.

— Est-ce le matin où le soir?

— Le matin, monsieur.

— Ah! le matin. Et pourquoi pas le soir?

— Parce que le soir vous êtes ivre, monsieur Romieu, lui répond l'horloger en souriant.

ALEXANDRE DUMAS

Quand Dumas vint à Paris pour y tenter la fortune, après plusieurs déceptions, il se présenta au général Foy, qui lui dit :

— Voyons, que savez-vous? un peu de mathétiques?

— Non, général.

— Vous avez au moins quelques notions de géométrie, de physique?

— Non, général.

— Vous avez fait votre droit?

— Non, général.

— Vous savez le latin et le grec?

— Très-peu.

— Vous vous entendez peut-être en comptabilité?

— Pas le moins du monde.

Et à chaque question, Dumas sentait la rougeur lui monter au visage.

Puis, le général lui dit avec bonté :

— Donnez-moi votre adresse, je réfléchirai à ce qu'on peut faire de vous.

Alexandre Dumas écrivit son adresse.

— Nous sommes sauvés ! s'écria le général en frappant dans ses mains; *vous avez une belle écriture!*

Dumas laissa tomber sa tête sur sa poitrine; il n'avait plus la force de la porter.

Trois jours après, il entrait dans les bureaux du duc d'Orléans, aux appointements de douze cents francs.

Quand Dumas alla remercier le général Foy, il lui dit :

— Je vais vivre de mon écriture; mais je vous promets de vivre un jour de ma plume.

—

Christine avait été présentée au Théâtre-Français, accueillie par le baron Taylor, mais dédaignée par les sociétaires, qui finirent par s'en rapporter à la décision de Picard.

— Avez-vous de la fortune? demanda celui-ci à l'homme qui devait recevoir tant de bravos du public.

— Pas l'ombre, répondit Dumas.

— Quels sont vos moyens d'existence?

— Une place de quinze cents francs.

— Eh bien, mon ami, retournez à votre bureau.

Le jugement de l'auteur de la *Petite Ville* était un peu léger.

—

A propos du drame de *Henri III*, le duc d'Orléans fut mandé au château; le roi lui dit :

— Savez-vous ce qu'on m'assure, mon cousin? On m'assure qu'il y a dans vos bureaux un jeune homme qui a fait une pièce où nous jouons un rôle tous les deux : moi celui de Henri III, vous celui du duc de Guise.

— Sire, répondit le duc d'Orléans, on vous a trompé pour trois raisons : la première, c'est que je ne bats pas ma femme; la seconde, c'est que Mme la duchesse d'Orléans ne me fait pas cocu, et la troisième, c'est que Votre Majesté n'a pas de plus fidèle sujet que moi.

—

Alexandre Dumas sortant de déjeuner chez un

ministre, rencontre un ami qui lui demande comment s'est passé ce déjeuner.

— Bien, répondit Dumas, mais sans moi je m'y serais cruellement ennuyé.

———

Dumas père assistant à une représentation de *Marie Stuart,* dans laquelle se faisait entendre Mme Ristori, s'écriait :

— Bravo! bravissimo!... c'est Mars, c'est Dorval, c'est Lecouvreur, c'est Clairon, c'est Duchesnois, c'est Georges, c'est Lekain, c'est Talma, c'est Kean, c'est Macready réunis en un seul talent que cette femme! Bravo! bravo!...

Une personne balbutia timidement près de lui :

— Pourtant, monsieur Dumas, Mlle Rachel...

— Eh! monsieur repartit brusquement Dumas, pour bien apprécier le génie de la Ristori, il faut connaître à fond l'italien... Savez-vous bien l'italien?

— Oui, monsieur Dumas ; comme vous savez le français !

— Alors, dit Dumas avec la plus parfaite bonhomie, je le disais bien : vous ne savez pas l'italien !

———

Une grande dame, indignée du langage que

Dumas prêtait à une femme du monde dans un de ses romans, lui disait :

— Mais où donc, monsieur Dumas, avez-vous vu les dames titrées que vous mettez en scène ?

Et le romancier de répondre ave sa bonhomie habituelle :

— Chez moi, madame.

—

Un huissier, à qui les « exploits » avaient fait défaut, venait de mourir dans une telle détresse qu'il ne laissait pas même de quoi être enterré.

Ses amis ayant résolu d'ouvrir une souscription pour accomplir ce dernier devoir, s'adressèrent à Alexandre Dumas, fort connu pour son bon cœur et sa générosité.

Dumas répond immédiatement à la demande et remet un louis au quêteur, sans demander aucun renseignement.

— Merci, monsieur Dumas ; si toutes les personnes auxquelles nous nous adresserons sont aussi généreuses que vous, notre ami l'huissier M*** aura un enterrement digne de sa corporation.

— C'est donc pour enterrer un huissier ? dit Dumas.

Et après un moment de réflexion, il tire de sa poche un second louis :

— Prenez, prenez, dit-il, et tâchez d'en enterrer deux.

———

Le grand Dumas avait été un homme à bonnes fortunes ; si l'on en croit cette indiscrétion d'un chroniqueur, il était comme les Turcs : il aimait les formes opulentes.

Passant un jour devant Mlle X***, que ses bonnes camarades appelaient une magnifique étude d'ostéologie, il oublia de la saluer, quoiqu'il lui eût présenté ses hommages quelque temps avant.

Un de ses amis lui fit remarquer son inconvenance.

— Mais je ne connais point cette demoiselle, dit Dumas.

— Allons donc, répond l'ami ; tout Paris sait que vous avez filé le parfait amour avec elle.

— Eh bien, dit Dumas, il y a peut-être un peu de vérité dans ce que l'on dit ; mais dès que j'eus vu les fuseaux de cette Omphale, je n'ai pas eu le courage de filer autre chose.

———

Quand il commandait la garde nationale de Saint-Germain, notre grand romancier ayant à ordonner la manœuvre : « Par quatre ! » s'écrie de sa puissante voix :

— En avant quatre !

Personne ne bouge.

S'apercevant de sa distraction, il s'écrie :

— Comment ! Français, je vous commande : « En avant quatre, » et vous *balancez !*...

———

Alexandre Dumas, qui avait la conscience de son mérite, disait un jour au roi Louis-Philippe :

— Vous savez, Sire, que je suis le fils de mes œuvres.

— C'est vrai, répondit le roi ; car on prétend que vous n'en êtes pas le père.

On sait que Dumas a eu des collaborateurs, et il a avoué avoir laissé mettre son nom à un roman de M. Paul Meurice qu'il n'avait même pas lu. Ajoutons que c'était pour rendre service à M. Meurice.

———

Un matin, Dumas père fut éveillé par un de ses collaborateurs ; voulant s'habiller, il ne trouva point ses bottes.

Alors il dit en haussant les épaules :

— Figurez-vous qu'Alexandre en a douze paires étalées sur une planche de sa garde-robe. Décidément, ce garçon-là n'aura jamais de génie.

**

Schiller et Alexandre Dumas

Dumas était un pitoyable lecteur, dit M. Laférrière.

Quelques amis, établissant un parallèle entre lui et Schiller, affirmaient qu'il était supérieur à l'auteur de *Don Carlos*.

Dumas, ne paraissant pas bien convaincu, dit à Mme Dorval qui écoutait silencieuse :

— Et toi, Marie, que penses-tu de ces folies ?

— Mon cher Dumas, je suis un peu de leur avis : tu as sur Schiller une supériorité incontestable.

— Laquelle ?

— Tu lis plus mal que lui.

Dumas se mit à rire : il se souvenait que Schiller ayant lu son *Don Carlos* devant le comité de lecture de Dresde, se l'était vu refuser à l'unanimité.

C'est M. Laferrière qui dit cela : la vérité c'est que Schiller ayant lu les principaux passages de sa pièce devant toute la cour de Darmstadt, il reçut des applaudissements enthousiastes de toute l'assistance.

Dumas père jugé par son fils

Alexandre Dumas a été un cœur d'or, et cet homme de génie, qui avait gagné des millions, est mort sans le sou.

Comme on parlait un jour devant Dumas fils des prodigalités de son père, il répondit :

— Que voulez-vous? mon père est un grand enfant que j'ai eu étant tout petit.

Un autre jour, Dumas fils disait :

— Mon père a tant de vanité qu'il est capable de monter derrière sa voiture pour faire croire qu'il a un nègre.

Dumas parlait un jour de sa noblesse et de ses armes; son fils, qui se gênait peu avec son père, dont, du reste, il était le plus sincère ami, comme il l'a si bien prouvé, s'écrie tout à coup :

— Farceur! on les connaît tes armes; tu les montres assez souvent... Beaucoup de *gueule* sur très-peu d'or!

A un dîner de jeunes hommes de lettres on racontait une histoire d'argent où le débiteur se comportait comme don Juan vis-à-vis de M. Dimanche, Dumas fils riait aux larmes.

Un des convives lui dit à l'oreille :

— Ignorez-vous qu'il s'agit de votre père?

— De mon père? C'est impossible ; il aurait écrit cela dans ses *Mémoires*.

Quand Amédée Achard publia son roman de

Belle-Rose, il envoya un exemplaire au grand romancier.

A quelque temps de là, Achard rencontre Dumas :

— Eh bien ! cher maître, avez-vous lu mon livre ? lui demanda-t-il.

— Certainement, répondit Dumas, et il m'a amusé comme s'il était de moi.

De la part de tout autre, ces mots eussent certainement paru bêtes ; la façon dont Dumas les disait, donnait à ces naïvetés un ton gracieux et spirituel qui faisait pardonner l'excès de vanité : ce qui eût choqué chez un autre était atténué par son sourire et son regard spirituels. Et du reste, il avait si bien pris l'habitude de tout dire, qu'on ne s'étonnait plus de rien.

Charles Monselet a parfaitement résumé le côté vaniteux du caractère de Dumas par ces mots :

« La vanité fait partie de son talent ; il est comme un ballon qui ne s'élève que lorsqu'il est gonflé. »

—

Dumas était un enfant, avec tous les caprices et toutes les étourderies du premier âge ; quelquefois, quand son amour-propre était en jeu, un enfant terrible, qui mordait la main qui essayait de l'égratigner.

Un soir, au Théâtre-Français, il vit un spectateur endormi dans sa stalle pendant la représentation d'une pièce de Soumet.

— Tiens ! dit Dumas à son confrère, voilà l'effet que produisent tes pièces.

Le lendemain on jouait une comédie de Dumas, l'auteur se tenait à l'entrée de l'orchestre. Tout à coup Soumet lui frappe sur l'épaule, lui montre un monsieur qui dormait à l'orchestre, et lui dit d'un ton aigre-doux :

— Vous voyez, mon cher Dumas, que l'on peut s'endormir également en écoutant votre prose.

— Ça? c'est le monsieur d'hier qui ne s'est pas réveillé ! riposta Dumas.

LÉON GOZLAN

Un journal avait imprimé :

« M. Léon Gozlan a été marin ; sur le vaisseau à bord duquel il servait, il a suscité une révolte et tué le capitaine. »

Gozlan s'empresse d'écrire au directeur de ce journal :

« Monsieur,

« Vous dites que j'ai été marin, cela est vrai ; j'ai vécu trois mois sur un navire avec des Cafres tout nus, que j'ai regrettés bien souvent en face des habits noirs.

« Vous avez dit qu'à bord j'ai suscité une révolte et tué le capitaine ; cela est encore plus vrai.

« Mais vous oubliez un détail intéressant pour l'avenir : après avoir tué le capitaine, je l'ai mangé.

« Agréez, etc.

Léon Gozlan.

*
* *

Une démission irrévocable

Quand Léon Gozlan était président de la Société des Gens de lettres, il donnait sa démission chaque fois qu'il essuyait une contradiction ; mais ses collègues, qui avaient une réelle affection pour lui, ne tardaient pas à obtenir qu'il la retirât.

Ceci prêta à la plaisanterie suivante, — peut-être un peu déplacée, — lors de son enterrement :

— Il n'est pas mort, dit quelqu'un ; il a donné sa démission de la vie.

— Hélas ! répond un autre assistant, c'est la seule qu'il ne pourra retirer.

SAINTE-BEUVE

Le spirituel critique étant rédacteur du *Globe*

eut un jour une querelle avec un des propriétaires de ce journal, M. Dubois.

Une rencontre ayant été jugée nécessaire, on se rendit sur le terrain.

Il pleuvait à torrents.

Sainte-Beuve avait apporté son parapluie et des pistolets dignes de figurer au musée de Cluny ; ils dataient du XVIe siècle.

Au moment de faire feu, les témoins veulent exiger de Sainte-Beuve qu'il ferme son parapluie ; celui-ci résiste énergiquement en disant avec colère :

— Je veux bien être tué ; mais je ne veux pas m'enrhumer.

Il fallut bien accepter et Sainte-Beuve se battit en tenant son parapluie ouvert.

Quatre balles furent échangées... heureusement sans résultat.

JULES JANIN

On demandait à Jules Janin un autographe de lui, pour le prince de Metternich ; le « prince des critiques » écrivit :

« Bon pour cinquante bouteilles de Johannisberg, payable à vue par M. le prince de Metternich. »

La traite, dit-on, fut acquittée avec une parfaite bonne grâce.

C'est Jules Janin qui s'est rendu célèbre en qualifiant le homard de *Cardinal des mers,* se figurant que ce crustacé était fourni tout cuit par l'Océan.

EUGÈNE SUE

On parlait devant Eugène Sue d'un homme qui faisait fortune avec une spéculation parisienne peu honorable, mais fort lucrative.

Quelqu'un, voulant prendre la défense de ce personnage, disait :

— En définitive, ce monsieur est dans l'industrie.

— Comment donc! s'il y est!... mais il y a même un grade, s'écrie Eugène Sue ; il en est chevalier.

—

Eugène Sue et Romieu étaient intimement liés. Un soir qu'ils avaient dîné au Café de Paris et qu'ils se trouvaient dans un état de gaieté très-accentué, Romieu fit un faux pas et se blessa à la jambe.

Eugène Sue, qui avait été chirurgien dans la marine, porte son ami dans son coupé, le monte dans son lit, et panse la jambe.

O miracle! le lendemain matin, en voulant renouveler son pansement, Eugène Sue s'aperçoit qu'il a pansé la jambe non malade, ce qui n'empêche pas l'autre d'être guérie.

Mᵐᵉ ÉMILE DE GIRARDIN

Avant d'être Mᵐᵉ de Girardin, Delphine Gay allait dans le monde, toujours vêtue très-simplement, une robe de mousseline blanche unie, une écharpe de gaze bleue couvrant ses épaules amples et sa taille élancée; les belles boucles blondes de ses cheveux se passaient de fleurs.

Un soir qu'elle était complimentée par une jolie femme à la mode pour des vers qu'elle venait de lire, elle lui répondit :

— Ce serait plutôt à moi madame de vous complimenter; pour nous autres femmes, il vaut mieux inspirer des vers que d'en faire.

Malgré toute sa bonté et sa bienveillance, Mᵐᵉ de Girardin avait parfois la réplique incisive, mordante.

Elle venait de lire *Cléopâtre* à la Comédie française; un sociétaire qui vise à l'esprit lui dit d'un air fin :

— Et le rôle de l'aspic, à qui le destinez-vous, madame ?

— Aux sots, monsieur.

Pour apprécier l'anecdote qui suit, il faut savoir que la grand'mère de Mme de Girardin était une Peretti.

Une conversation de gens infatués de leur généalogie avait lieu dans son salon.

Impatientée, Mme de Girardin dit :

— Et moi aussi j'ai un ancêtre.

— Et lequel ?

— Un gardeur de cochons, Félix Peretti.

— Sixte-Quint ?

— Précisément.

Ce jour-là, on ne parla plus d'aïeux.

GÉRARD DE NERVAL

Il était d'une extrême bonté, ce pauvre grand écrivain, qui mourut d'une mort si affreuse.

Déjeunant un jour dans un café à la mode, il aperçoit sur son assiette un cloporte :

— Garçon ! s'écrie-t-il, dorénavant, vous me servirez les cloportes à part.

—

Lorsqu'il eut sa maladie cérébrale, on le confia aux soins du docteur Blanche.

Quand on lui demandait :

— Qu'avez-vous ?

— Une fièvre chaude, compliquée de médecins.

ROGER DE BEAUVOIR

En 1844, lors de la quête pour l'œuvre du Mont-Carmel, la commission se réunissait dans les salons de Mme la baronne de Maistre.

Roger de Beauvoir, fidèle à ses principes d'élégance, arrivait à midi avec des gants lilas; à deux heures, il les remplaçait par des gants jaunes, et, à quatre heures, il leur substituait des gants blancs.

Le quêteur du couvent de la Palestine qui ne connaissait pas les gants, même de nom, demandait avec intérêt à Emile Deschamps :

— Quelle maladie a donc ce beau jeune homme? Ses mains changent de couleur trois fois par jour.

— C'est une *élégantiasis chronique*, répondit Deschamps.

OURLIAC

Ce charmant esprit aimait les farces, les mystifications; il amusait tout le monde de ses vives reparties, de ses ripostes en langage coloré; on cite de lui une foule d'excentricités et de drôleries. Un échantillon :

Après la révolution de Juillet, il avait imaginé de se rendre chaque jour sous les fenêtres du

Palais-Royal, un drapeau tricolore à la main, et suivi d'une bande de gamins qu'il recrutait sur son passage ; là, il appelait à grands cris le roi Louis-Philippe, et lorsque celui-ci paraissait sur le balcon, Ourliac criait :

— La *Marseillaise!*

Le roi, que de récentes ovations avaient rendu l'esclave de ses moindres sujets, accédait avec un gracieux sourire à l'invitation du jeune porte-drapeau ; et, — la main sur son cœur, les yeux aux ciel, — il répétait le chant de son adolescence, dont Ourliac et les siens entonnaient le refrain en chœur.

Mais à la fin, le roi-citoyen s'aperçut que cet enthousiasme d'Edouard Ourliac était tout simplement une *scie*, et il consigna à la porte du palais le chef et sa cohorte.

———

Edouard Ourliac, consulté par un de ses amis sur le titre qu'il convenait de donner à un roman que ce dernier voulait publier, eut avec lui ce dialogue :

— Est-ce que dans ton histoire il y a du tambour?

— Non.

— Et de la trompette?

— Pas davantage.

— C'est parfait. Alors appelle-la : *Sans tambour ni trompette.*

PRIVAT D'ANGLEMONT

Ce joyeux et malheureux bohème conduisait à sa dernière demeure un de ses amis. Le cortége funèbre suivait les boulevards extérieurs pour se rendre au cimetière Montmartre. Il pleuvait depuis deux jours et tout le monde avait de la boue jusqu'aux genoux.

Privat d'Anglemont marchait silencieusement à côté d'un monsieur qu'il ne connaissait pas et qui, désirant rompre le silence, lui dit tout à coup en parlant du défunt :

— Pauvre garçon !... qu'il est donc mort jeune... Ah! monsieur... il est vraiment bien à plaindre!

— A plaindre! s'écria d'Anglemont, pas déjà tant... il est en voiture, lui!

Privat d'Anglemont, qui a beaucoup écrit sur les chiffonniers, en avise un, et lui décoche en pleine poitrine ce distique philosophique :

Si tu ramassais tout ce qu'on perd dans la crotte,
Mon Dieu ! que de vertus à mettre dans ta hotte !

Quelle est sa stupéfaction en oyant cette réponse de son interlocuteur :

J'hérite chaque nuit des splendeurs de l'époque ;
Plaisir, fête ou grandeur, qu'est-ce, au fond ? une loque !

Privat recule de trois pas, salue profondément l'artiste chiffonnier, et lui réplique :

> Oui, la vie, il est vrai, n'est qu'un triste chiffon !
> La splendeur est la forme, et la hotte le fond !

ROQUEPLAN

Vers une heure du matin, à la tête de quatre hommes de la *milice citoyenne,* le caporal Nestor Roqueplan faisait une patrouille dans les Champs-Élysées. Son attention fut attirée par deux hommes qui, à cheval sur un banc de pierre, jouaient à la lueur de deux bougies une partie d'écarté.

Les joueurs, qui sont devenus, depuis, deux sommités politiques, avaient vu se fermer derrière eux les portes de Tortoni, et ils avaient été continuer tranquillement leur partie en plein air.

A cheval sur la consigne, le caporal Nestor les invite à *circuler.* (Est-ce lui qui a mis le mot à la mode ?)

— Je coupe, atout et passe, répond l'un des joueurs.

— Citoyen... insiste Roqueplan.

— J'en demande.

— Combien ?

— Je crois, messieurs, que vous vous f...ichez de moi, dit le caporal milicien.

A ce moment, un des joueurs se penche gracieusement vers lui :

— Que feriez-vous à ma place ?

— Je jouerais atout, répond Roqueplan, et je ferais la vole.

Ce qui arriva.

Roqueplan était un fin gourmet, et peu amateur, à ce qu'il paraît, de « la belle nature ».

Un de ses amis lui demandait quelle serait, — de toutes les ravissantes campagnes qui entourent Paris, — celle qu'il préfèrerait.

— Celle où l'on mange les premiers petits pois, répondit Nestor.

MUSSET

On parlait devant Alfred de Musset d'un rédacteur de journal religieux qui avait arrangé sa vie de façon à compenser les vices par les vertus et à trouver grâce devant les hommes comme devant Dieu.

— Ainsi, disait-on, nous l'avons vu, au sortir d'un petit souper à la Maison-d'Or, envoyer un superbe pâté à son confesseur.

— Laquelle des deux actions était la mauvaise ? demanda Musset en souriant.

CURIOSITÉS LITTÉRAIRES

SPLENDEURS ET MISÈRES DE LITTÉRATEURS

Nous croyons faire plaisir à nos lecteurs en leur communiquant les résultats de nos recherches sur les prix élevés que quelques auteurs ont obtenus de leurs ouvrages.

On verra aussi que, partout et en tout temps, s'il y eut des écrivains qui gagnèrent des honneurs et les jouissances de la fortune, beaucoup vécurent dans la misère, quand ils ne mouraient pas de faim.

Chez les anciens

Homère, récitant ses poésies, recevait de ses hôtes une hospitalité généreuse, dit-on.

Sophocle se contentait pour tout droit d'une couronne de chêne.

Hérodote reçut des Athéniens un don de 10 talents (54,000 fr.) après avoir lu des passages de ses merveilleux récits aux Jeux olympiques.

Cherile, célébrant la victoire de la Grèce sur Xerxès, obtenait une pièce d'or pour chaque vers d'un poëme dont il ne reste qu'un court fragment.

Une épigramme du poëte Archimèle valut à son auteur 1,000 médimnes de froment (le médimne équivaut à 52 litres).

Virgile reçut d'Octavie, mère de Marcellus, 10 grands sesterces (2,000 fr.) pour chacun des trente-deux vers qu'il mit en l'honneur de ce jeune homme dans l'*Énéide*.

Atticus donna 250,000 drachmes à Palémon, rhéteur célèbre, pour le plaisir qu'il eut à l'entendre prononcer trois discours.

Oppien reçut de Septime Sévère une statère d'or (18 fr. 50 c.) pour chaque vers de ses poëmes de *la Chasse* et de *la Pêche*, qui en contenaient 20,000, selon Suidas.

L'*Eunuque*, de Térence, joué deux fois en un jour, rapporta à son auteur 8,000 petits sesterces (environ 1,600 fr.), prix que n'avait jamais obtenu jusqu'alors aucune comédie.

La *Critique des Annales d'Ennius* valut 10,000 sesterces (3,200 fr.) à son auteur, le grammairien Pomponius Andronicus.

En Angleterre

Stow, qui avait passé quarante-cinq années à réunir les matériaux pour ses Chroniques d'Angleterre et douze années à écrire l'Histoire de Londres et de Westminster, et épuisé un patrimoine important, reçut de Jacques Ier la permission de solliciter des aumônes pendant un an! La chronique dit qu'elles furent peu nombreuses.

Dryden reçut 268 livres pour dix mille vers composant des Épîtres et des Fables.

Sterne offrit les deux premiers volumes de *Tristram Shandy* à un libraire pour 50 livres sterling; ce libraire les refusa. Un autre plus avisé, Robert Dodsley, fit un arrangement avec Sterne dont ni l'un ni l'autre n'eut à se repentir.

Swift ne reçut jamais rien pour ses écrits, sauf *Gulliver*, qui lui fut payé 300 livres sterling; mais Swift était riche : il laissa une fortune de 11,000 livres, qui, suivant ses dernières volontés, servit à fonder un hôpital d'aliénés.

Samuel Boyle, auteur de la *Déité*, dont Fielding a parlé avec éloge, traduisait Chaucer en langage moderne à un prix très-minime, si l'on en juge par ce détail : il écrivait enveloppé dans une couverture, ne pouvant s'acheter un pantalon.

Savage vendit son poëme du *Rôdeur*, œuvre très-gaie et très-comique, qui l'avait occupé pendant plusieurs années, 10 guinées.

Spencer, poëte très-aimable, languit dans la misère toute sa vie.

Le *Juge de Paix*, de Burn, fut vendu à peu

près pour rien ; cet ouvrage eut un succès considérable.

Johnson reçut 1,375 livres sterling pour son célèbre dictionnaire.

Fielding vendit *Tom Jones* 200 livres ; plus tard, on lui paya son roman, *Amelia*, 1,000 livres sterling.

Le *Paradis perdu*, de Milton, lui fut payé 5 livres sterling ; la deuxième et la troisième édition lui rapportèrent encore chacune 5 livres ; puis, plus tard, sa veuve vendit tous ses droits à la propriété 8 livres sterling. Le libraire gagna à ce marché « de quoi rouler carrosse ».

Goldsmith vendit 60 livres le *Vicaire de Wakefield*, et encore grâce à la recommandation de Johnson ; le *Village abandonné* lui fut payé 100 livres, somme que l'auteur ne voulait pas accepter, trouvant que c'était trop d'une couronne par stance.

Robinson Crusoé fut refusé par plusieurs libraires ; celui qui traita avec Daniel de Foë n'eut pas à s'en repentir : il gagna 1,000 guinées en peu de temps.

Hume retira de ses travaux historiques 10,000 livres sterling de rente. Cette fortune acquise, il répondit à un libraire qui lui faisait des propositions très-avantageuses pour le déterminer à continuer son Histoire d'Angleterre :

— Je suis trop vieux, trop gros, trop paresseux et trop riche.

Gibbon vendit 600 livres son *Histoire de la décadence de l'Empire romain;* le libraire gagna dix fois cette somme.

Robertson vendit son *Histoire d'Écosse* 500 livres ; son *Histoire de Charles-Quint* lui fut payée 4,000 livres.

Le manuscrit de l'*Histoire des deux derniers rois de la maison de Stuart,* ouvrage posthume de Fox, fut vendu 4,500 livres sterling.

La rédaction des voyages de Cook fut payée 120,000 francs à Hawkesworth.

Paley, théologien anglais, reçut 50,000 francs pour ses *Elements of moral and political philosophy*, en 1785.

Anne Radcliffe vendait chacun de ses romans 20,000 francs.

Miss Hannah More, morte en 1833, dont les œuvres choisies se composent de dix volumes in-8°, a gagné avec ses ouvrages plus de 800,000 francs.

Lord Byron a reçu 493,000 francs de ses libraires.

On assure que Walter Scott a gagné plus de 2 millions avec ses ouvrages.

Un prix extraordinaire fut donné à Vyse pour sa *Méthode d'épeler* : 2,200 livres sterling plus une pension annuelle de 30 guinées.

Nous ne parlons pas des auteurs morts de misère et de faim : la nomenclature serait trop longue. Il nous a suffi de citer ce laborieux antiquaire du XVIe siècle, qui usa sa vie et dépensa son patrimoine pour accomplir une noble et utile tâche, et auquel un roi accorda pour récompense le droit de mendier pendant un an !

En France

Henry Estienne reçut de François Ier un brevet de 1,000 écus pour son livre *De la Préexcellence du languäge françois*. Il est vrai que de ce brevet il ne toucha que la terre de l'exil.

Colletet, le père du « poëte crotté jusqu'à l'échine », reçut 600 livres de la main de Richelieu pour trois vers du prologue de la pièce des *Tuileries*. Voici ces trois vers que le cardinal trouvait « si beaux » que le roi n'était pas assez riche pour les payer : ... On voit

> La cane s'humecter de la bourbe de l'eau,
> D'une voix enrouée et d'un battement d'aile
> Animer le canard qui languit auprès d'elle...

C'était bien payé, n'est-ce pas? Mais cela n'empêcha pas ce pauvre académicien de mourir sans laisser de quoi se faire enterrer.

La Fontaine eut une pension de Fouquet à la

condition de faire une pièce de vers en acquit de chaque terme.

Corneille reçut 1,000 pistoles de M. de Montoron pour la dédicace de *Cinna*. Il n'eut pas souvent de ces aubaines, le pauvre grand homme, qui était obligé de raccommoder ses souliers à la fin de sa carrière.

Chapelain vendit 2,000 francs la première édition in-folio des douze premiers chants de la *Pucelle*, et 1,000 livres l'édition in-douze.

Boileau vendit le *Lutrin* 600 livres.

Racine avait cédé *Andromaque* pour 200 livres.

Les *Pensées philosophiques* de Diderot furent achetées 600 livres.

Rousseau vendit l'*Emile* 6,000 francs, moitié comptant.

La traduction des *Nuits d'Young*, par Letourneur, lui fut payée 20 louis ; ce volume rapporta 60,000 livres à l'éditeur.

Delille vendit 400 francs sa traduction des *Géorgiques*. Plus tard, il prit sa revanche : l'*Énéide* fut payée 40,000 francs. Quand il eut une réputation, ses ouvrages se tiraient en première édition à 20,000 exemplaires ; l'*Énéide* fut une exception, la première édition se tira à 50,000 exemplaires.

Le *Voyage à l'Ile-de-France*, de Bernardin de Saint-Pierre, lui fut payé 1,000 francs.

De nos jours, quelques auteurs ont obtenu de leurs éditeurs des prix élevés, mais que de déboires pour les débutants, qui doivent se résoudre à se faire imprimer à leurs frais, heureux encore s'ils trouvent un éditeur.

Nous allons donner quelques renseignements sur les prix qu'ont été payées certaines œuvres.

Le droit de publier en feuilleton les *Mystères de Paris*, d'Eugène Sue, a été payé 160,000 fr. par le *Journal des Débats*.

Le *Constitutionnel* a payé 100,000 francs le droit de publier dans la même forme le *Juif errant*, du même auteur.

Mathilde ou les Mémoires d'une jeune mariée, encore d'Eugène Sue, fut acquise par la *Presse* au prix de 1 fr. 25 c. la ligne.

Alexandre Dumas a gagné pendant un temps 200,000 francs par an, rien qu'avec les journaux.

Les *Mémoires du Diable* ont rapporté environ 50,000 francs à Frédéric Soulié.

Méry et Barthélemy ont vendu, en 1826, la *Villéliade* 25,000 francs.

Les *Méditations poétiques* de Lamartine, qui eut de la peine à trouver un éditeur, se vendirent à 45,000 exemplaires en moins de quatre ans.

M. de Girardin paya 40,000 francs le droit de publier en feuilleton dans la *Presse* le roman de *Graziella*, un petit volume du même auteur.

Ce journal paya 100,000 francs le droit de publier les *Mémoires d'outre-tombe*, de Chateaubriand.

La *Presse* avait payé 20,000 francs les deux volumes du roman de Balzac, *les Paysans*.

Un marché heureux pour le libraire fut celui que fit Perrotin avec Béranger, qui lui avait vendu, en 1833, la propriété de toutes ses œuvres, passées et futures, moyennant la faible rétribution viagère de 800 francs par an. Il est vrai que l'éditeur, enrichi par le poëte, augmenta successivement la pension de Béranger. Aujourd'hui encore, la famille Perrotin continue les legs que le poëte national a fait à quelques infortunes.

Le manuscrit de *Rose et Blanche*, dû à la collaboration de George Sand et Jules Sandeau, fut payé 400 francs.

Indiana fut achetée 600 francs en toute propriété par le libraire Roret qui, après le succès du livre, déchira le traité et donna 1,000 francs à l'auteur pour la seconde édition.

George Sand, dit Larousse, gagne actuellement 40,000 francs par an.

La première édition de l'*Histoire de la Révolution française*, de M. Thiers, lui fut achetée à un prix très-modique. Imprimée ensuite dans divers formats, à plus de 200,000 exemplaires, elle a enrichi son auteur.

Victor Hugo a vendu 400,000 francs le droit de publication des *Misérables*; on lui avait payé *Han d'Islande* 300 francs en 1823.

Nous nous rappelons avoir vu imprimer la

première édition des *Feuilles d'automne*, en 1831, chez Everat; on les tira à 400 exemplaires; le libraire Renduel, sans doute pour activer le débit de ces 400 exemplaires, faisait mettre à chaque cent 2°, 3°, 4° édition. Que de milliers d'exemplaires de cet ouvrage ont été imprimés depuis!

Ces temps derniers, pour mettre fin à d'injustes diatribes, Victor Hugo a pris le parti de s'éditer lui-même.

Les rédacteurs des journaux politiques ont généralement des appointements fixes. Sous la direction de M. de Girardin, la *Presse* payait ses rédacteurs à la ligne.

Les rédacteurs des articles littéraires et scientifiques sont rétribués au mois.

On dit que Jules Janin touchait 500 francs pour chacun des feuilletons qu'il donnait au *Journal des Débats*.

Les Revues paient ordinairement à tant la feuille. Gustave Planche recevait d'abord 200 fr., puis il eut 240 francs pour chaque feuille qu'il donnait à la *Revue des Deux Mondes*.

LISTE ALPHABÉTIQUE DES AUTEURS CITÉS

Ampère (A.-M.) (1778-1836). 162
Amyot (1513-1593)....... 7
Andrieux (1759-1833)... 155
Arlincourt (vicomte d') (1789-1856).............. 179
Autreau (1656-1745).... 49
Baculard d'Arnaud (1718-1805).............. 120
Balzac (H. de) (1799-1850). 192
Barthélemy (l'abbé) (1716-1795).............. 119
Bautru (G. de) (1588-1665). 11
Beaumarchais (1732-1799). 124
Benserade (1612-1691)... 24
Béquet (1800-1830).... 206
Béranger (1780-1857).. 165
Bernardin de Saint-Pierre (1737-1814)......... 127
Bièvre (marquis de) (1747-1789).............. 140
Boileau Despréaux (1636-1711)............. 43
Boisrobert (1592-1662).. 14
Chamfort (1741-1794).. 135
Chateaubriand (1768-1848). 176
Collin d'Harleville (1755-1806).............. 152
Corneille (Pierre) (1606-1684)............... 18
Coupigny (1766-1835)... 175

Crébillon (Prosper) (1674-1762)............... 69
Crébillon (Claude) (1707-1777)............... 74
Cuvier (1769-1832)..... 177
Dacier et Mme Dacier (1651-1722 ; 1651-1720)..... 48
Delille (1738-1813).... 128
Diderot (1713-1784).... 116
Duclos (1704-1772).... 111
Dufresny (1648-1724) ... 47
Dumarsais (1676-1756)... 79
Dumas (Alexandre) (1803-1870).............. 208
Dupin aîné (1783-1865). 167
Esménard (1770-1811).. 121
Fontenelle (1657-1757).. 50
Gay (Mme Sophie) (1776-1852)............... 178
Gérard de Nerval (1808-1855).............. 223
Gilbert (1751-1780).... 151
Girardin (Mme de) (1804-1855). 222
Gozlan (Léon) (1803-1866). 218
Helvétius (1715-1771).. 118
Jules Janin (1804-1875). 220
La Fontaine (1621-1695). 25
La Harpe (1739-1803) . 131
Lamotte-Houdar (1672-1731). 66
Lamartine (1791-1869). 182
La Serre (1600-1666)... 16

Latreille (1762-1833) . 158	Rivarol (1753-1801).... 146
Lemierre (1723-1793).. 122	Roger de Beauvoir (1809-1866)................ 224
Lenglet - Dufresnoy (1674-1755)................ 78	Roqueplan (Nestor) (1804-1870)................ 227
Le Sage (1668-1747).... 61	Romieu (1800-1855)..... 207
Linguet (1736-1794)... 126	Rousseau (J.-B.) (1671-1741) 66
Linière (1628-1704)..... 40	
Malherbe (1555-1628).... 8	Rotrou (1609-1650)..... 20
Malitourne (1797-1866). 188	Roy (1683-1764)........ 80
Martainville (1776-1830)............. 159	Sainte-Beuve (1804-1869).219
	Saint-Foix (1703-1776). 107
Massillon (1663-1742)... 60	Saint-Pierre (l'abbé de)(1658-1743)................ 58
Maury (l'abbé) (1746-1817)............... 135	Santeul (1630-1697).... 42
Ménage (1613-1692)..... 19	Scarron (1610-1660)..... 20
Méry (1798-1865)...... 189	Scribe (1791-1861)..... 180
Mézeray (1610-1683).... 23	Sedaine (1719-1797)... 121
Millevoye (1782-1816).. 166	Sévigné (Mme de) (1626-1696) 39
Mirabeau (1749-1791).. 144	
Molière (1622-1673).... 31	Soumet (1786-1845).... 179
Moncrif (1687-1770) 84	Sue (Eugène)(1804-1857). 221
Musset (Alfred de) (1810-1857)............. 228	Stael (Mme de) (1766-1817)................ 171
Nodier (1780-1844)..... 164	
Ourliac (1813-1848).... 000	Tencin (Mme de) (1681-1749) 80
Palissot (1730-1814)... 123	
Panard (1694-1765)..... 95	Terrasson (l'abbé) (1670-1750)................ 63
Patru (1604-1681)...... 17	Vatout (1792-1848).... 187
Pellisson (1624-1693)... 38	Vertot (1655-1735)..... 49
Piron (1689-1773)...... 88	Villemain (1790-1870).. 170
Pixérécourt (1773-1844). 179	Voisenon (1708-1775)... 114
Privat d'Anglemont (1820-1859)................ 226	Volney (1757-1820).... 154
Racan (1589-1670)...... 10	Voltaire (1694-1778).... 95
Racine (1692-1763)..... 84	Curiosités littéraires.. 229
Raynouard (1761-1836). 157	

Paris. — Imprimerie Motteroz, rue du Dragon, 31.

BIBLIOTHÈQUE DES CURIEUX

Ont paru à la même Librairie :

ANECDOTES

BONS MOTS

FACÉTIES, CONTES, ÉPIGRAMMES

1 volume : 2 francs

ANECDOTES

DE THÉATRE

COMÉDIENS, COMÉDIENNES

BONS MOTS DU PARTERRE ET DES COULISSES

1 volume : 2 francs

Paris. — Imprimerie Motteroz, 31, rue du Dragon.

www.ingramcontent.com/pod-product-compliance
Lightning Source LLC
Chambersburg PA
CBHW071913160426
43198CB00011B/1283